AF552168

FULBERT STEFFENSKY

Orte des Glaubens

Die sieben Werke
der Barmherzigkeit

RADIUS

Fulbert Steffensky, 1933 in Rehlingen/Saar geboren, Studium der katholischen und evangelischen Theologie, danach Praxis in Schule und Seelsorge. 1972 Promotion, anschließend Professur für Erziehungswissenschaft an der Fachhochschule Köln. Ab 1975 bis zu seiner Emeritierung Professor für Religionspädagogik am Fachbereich Erziehungswissenschaft der Universität Hamburg.

Von Fulbert Steffensky liegen im Radius-Verlag vor:

Gewagter Glaube
Heimathöhle Religion. Ein Gastrecht für widersprüchliche Gedanken
Mut zur Endlichkeit. Sterben in einer Gesellschaft der Sieger
Der Schatz im Acker. Gespräche mit der Bibel
Schöne Aussichten. Einlassungen auf biblische Texte
Schwarzbrot-Spiritualität
Wo der Glaube wohnen kann
Die Zehn Gebote. Anweisungen für das Land der Freiheit

Und die von ihm herausgegebene Anthologie
Ein seltsamer Freudenmonat
24 Adventsgedichte und 24 Adventsgeschichten

ISBN 978-3-87173-177-8

Umschlag: André Baumeister
Auf holz- und säurefreiem Werkdruckpapier gedruckt
Gesamtherstellung: CPI – Clausen & Bosse, Leck
Printed in Germany

Hinführung

In den drei großen Religionen, im Judentum, im Christentum wie auch im Islam, ist Barmherzigkeit ein Grundname Gottes. Die Auffassung der Menschen von ihrem Gott ist zugleich das Gesetz ihres Denkens, ihrer Weltauffassung und ihres Verhaltens. Ist Gott ein unberechenbarer und seiner eigenen Willkür verfallener Tyrann, dann ist Liebe und Barmherzigkeit nicht zentrales Gesetz menschlichen Verhaltens. Ist Barmherzigkeit einer der Hauptgesichtszüge Gottes, dann wird dies zur Aufforderung an den Menschen, barmherzig zu sein. In der Bergpredigt bindet Jesus die Aufforderung zur Barmherzigkeit, Güte und Vergebung immer an die Art Gottes, mit dem Leben umzugehen. »Seid barmherzig, wie auch euer Vater barmherzig ist!«, heißt es bei Lukas (6,36). »Liebt eure Feinde und bittet für die, die euch verfolgen, damit ihr Kinder eures

Vaters im Himmel seid!«, heißt es bei Matthäus (5,44); und ebenfalls bei ihm (5,48): »Darum sollt ihr vollkommen sein, wie auch euer Vater im Himmel vollkommen ist.« An den Menschen sollen die Gesichtszüge Gottes erkennbar werden. Er liebt, also liebt! Er ist barmherzig, also seid barmherzig! Er vergibt, also vergebt! Nach dem Bild Gottes ist der Mensch geschaffen, behauptet unsere Tradition. Das heißt nicht, dass der Mensch aussieht wie Gott, sondern dass er handeln soll, wie Gott handelt. Die Ebenbildlichkeit Gottes wird zum Gesetz des Handelns.

Dieser Glaube hat in der katholischen Tradition seinen Ausdruck gefunden in den sieben leiblichen Werken der Barmherzigkeit. Es sind beispielhafte Handlungen, in denen sich die Liebe zum Nächsten abspielt. Die Reihenfolge ihrer Aufzählung folgt der Gerichtsrede Jesu im 25. Kapitel des Matthäusevangeliums. Dort werden jene Erben des Reiches Gottes genannt, die die Hungrigen gespeist, die Durstigen getränkt, die Fremden beherbergt, die Nackten gekleidet, die Kranken gepflegt und die Gefangenen in ihren Kerkern besucht haben. Diesen dort aufgezählten sechs Werken der Barmherzigkeit wird später ein siebtes hinzugefügt: die Toten begraben. Später wurden

den leiblichen Werken der Barmherzigkeit sieben »geistliche Werke« hinzugefügt. Es sind diese: Die Unwissenden lehren, den Zweifelnden raten, die Trauernden trösten, die Sünder zurechtweisen, den Beleidigern verzeihen, die Lästigen ertragen, für die Lebenden und Verstorbenen beten.

In jener Gerichtsrede Jesu wird ein Geheimnis aufgedeckt: Es waren nicht nur irgendwelche geschundenen Wesen, die da aufgesucht, bekleidet und gespeist wurden. Christus selbst hat sich verborgen unter der Maske der Bedürftigen. »Was ihr getan habt einem von diesen meinen geringsten Geschwistern, das habt ihr mir getan.« (Vers 40) Die Werke der Barmherzigkeit sind also nicht nur moralische Akte, es sind Christusbegegnungen. Es ist nicht nur eine Frage der Moral, sondern eine Frage des Glaubens oder der Glaubensverleugnung, ob Christus im hungernden Kind erkannt und getröstet wird oder nicht; ob er in den Fremden beherbergt oder ob er aus dem Land gestoßen wird; ob er in den Kranken versorgt wird oder nicht. Auf etwas primitive Weise hat die Tradition manchmal behauptet, dass die Gläubigen durch die Werke der Barmherzigkeit ihre Gnade vor Gott vermehren könnten. Primitiv nenne ich diese Auffassung, weil darin die

Bedürftigen instrumentalisiert werden zur Gnadenvermehrung. Aber in einem anderen Sinn ist der Satz wahr: In jenen Hungernden, Durstigen, Fremden und Gefangenen ist uns die Gnade des Gesichtes Christi gewährt. Was wollen wir mehr an Gnade?

Diese Meditationen zu den sieben Werken der Barmherzigkeit erschienen zuerst in *Frau und Mutter*, der Zeitschrift der katholischen Frauengemeinschaft Deutschlands.

Die sieben leiblichen Werke der Barmherzigkeit

Die Hungrigen speisen

Hier geht es nun um das erste Werk der Barmherzigkeit: *Die Hungrigen speisen*, dem hungernden Christus zu essen geben. Jene alte Welt Jesu war voller Bettler, und der Hunger war der ständige Begleiter der Meisten. Die gründlichste Armut ist der Mangel an ausreichender Nahrung. Dem Hunger gilt die erste Aufmerksamkeit Gottes, und so heißt es in der Bergpredigt (Lukas 6,21): »Selig seid ihr, die ihr jetzt hungert, denn ihr sollt satt werden.« Die Hungernden werden nicht seliggepriesen, weil sie fromm sind, weil sie den rechten Glauben haben oder besser sind als andere. Sie werden seliggepriesen, weil ihnen das Grundmittel zum Leben verweigert wird, das Brot. Gott hat Lieblingskinder und Menschen seines ersten Augenmerks, es sind die Armen. Ihre Schmerzen und Entbehrungen, die gesellschaftliche Verachtung, die sie erfahren, sind der Grund der Seligpreisung, nicht irgendein Verdienst, den sie aufzuweisen haben. Die Frau, die ihr eigenes Kind verletzt, damit es beim Betteln mehr einbringt – sie ist nicht fromm, aber sie ist arm. Viele sind zu arm, um gütig zu sein. Sie sind zu arm, um fromm zu sein. In dem Brief einer Ärztin aus Bolivien heißt es: »Die Armen werden selig gesprochen, weil sie so bitter unselig sind. Armut macht unglaublich hässlich, äußerlich und innerlich. Wenn ich meine Sprechstunde halte, bin ich immer wieder erstaunt über die Hässlichkeit der Armut. Die Armen sehen den Müll nicht, in dem sie leben, sie sehen darin nur, ob man da noch etwas finden könnte zum Essen oder zum Wiederverkaufen. Sie sehen die Schönheit der Natur nicht, sondern denken beim Sonnenuntergang nur daran, ob sie genug Decken zum Zudecken in der Nacht haben.«

Ein Dokument der Befreiungstheologie aus Lateinamerika sagt: »Die Armen verdienen ein vorrangiges Augenmerk, ungeachtet ihrer moralischen und persönlichen Befindlichkeit. Geschaffen nach Gottes Bild und Gleichnis, um seine Kinder zu sein, wird dieses Bild verdunkelt und verhöhnt. Gott übernimmt es, sie zu verteidigen, er liebt sie.«

Die Hungernden, die Bitterarmen also sind die Lieblingskinder Gottes. Der Trostruf an die Armen ist meistens verbunden mit einem Drohruf gegen die gemachten Leute, die den hungernden Christus übersehen. Jesus sagt in der Gerichtsrede bei Matthäus: »Ich bin hungrig gewesen, und ihr habt mir nicht zu essen gegeben. Ich sage euch: Was ihr nicht getan habt einem von den Geringsten, das habt ihr mir nicht getan.« Das Evangelium erlaubt keine Neutralität. Es fragt uns mit der Frage eines alten Arbeiterliedes aus den USA: »Which side are you on?« Auf welcher Seite stehst du? Für wen stehst du auf? Für wen, Kirche, redest du? Mit welchem Interesse schweigst du? Was verschweigst du? Wir lesen die Bibel. Die Bibel liest auch uns. Sie liest, welche Vordringlichkeiten wir haben. Sie liest, was wir lieben. Sie liest, ob wir Gott oder Götzen dienen.

Die Erzählung vom Weltgericht ist messerscharf. Aber die Bibel ist nicht da, um uns ein schlechtes Gewissen zu machen, sondern um uns ein Gewissen zu machen. Das eigene Gewissen lernen heißt, auch die Ungeduld und den Zorn lernen über Zustände, in denen die einen überfressen sind und die anderen hungern. Der Zorn ist die Gabe derer, die sich nicht abfinden und die das Brot der Armen vermissen. Den Zorn zu loben ist nicht gerade selbstverständlich. Viel eher lobt man die affektfreie Neutralität, von der man sagt, dass sie den Blick nicht trübt und das Urteil nicht fälscht. Die Behauptung ist falsch, dass man in emotionaler Neutralität ein klareres Urteil habe. Dorothee Sölle hat Recht: »Die größten und perfektesten Mörder in unserem Jahrhundert sind nicht emotional reich begabte und leidenschaftliche Menschen gewesen, sondern affektarme Bürokraten, die emotionsfrei Befehle ausführten.« Die Justitia mit der Binde vor den Augen ist in der Tat blind; sie sieht nicht, wen sie beurteilt und verurteilt. Sie sieht keine Umstände, und sie ist der Empörung nicht fähig. Zorn macht einseitig, und Einseitigkeit öffnet die Augen. Wer ohne Vermutung nach Südamerika fährt, kann wundervolle Strände sehen, betörende Sonnenaufgänge erleben, aber er ist nicht in der Lage, hungernde Straßenkinder zu sehen. Er sieht nicht, wo das Recht verletzt wird. Es gibt eine unerlässliche Voreingenommenheit, die die Augen öffnet. Wenn ich nicht voreingenommen bin von dem Wunsch nach Gerechtigkeit, dann nehme ich das Leiden der Gequälten nicht einmal wahr. Voreingenommenheit ist die Bildung des Herzens, die uns das Brot der Armen vermissen lässt. Ein Urteil zu haben ist nicht nur die Sache des klugen Verstandes und der exakten Schlüsse, es ist eine Sache des gebildeten Herzens. Das gebildete Herz ist nicht neutral, es fährt auf, wenn es das Recht verraten sieht. Der Zorn ist eines der Charismen des Herzens. Es ist eine der Eigenschaften Gottes, der nicht duldet, dass Menschen verhungern und dass seine Welt gequält wird. Dieser Zorn will niemanden vernichten, wie Gott den Tod des Sünders nicht will. Er will bekehren. Der gerechte Zorn verurteilt die Tat, aber bejaht den Täter und will ihn zur Veränderung locken. Er gibt ihm »das Recht, ein anderer zu werden« (Dorothee Sölle). Hüte Dich, Kirche, vor der fahrlässigen Sanftmut, die der Empörung nicht fähig ist!

Durstige tränken

Unter den sieben Werken der Barmherzigkeit wird *Durstige tränken* als zweites aufgezählt: Es scheint das leichteste unter jenen sieben Werken zu sein. Es kostet nicht viel, und wer würde einem durstigen Wanderer ein Glas Wasser verweigern? Aber wird es so bleiben? Die Vertrocknung des Bodens auf unserer Erde schreitet fort, das ist nicht nur ein natürliches Schicksal, das wir eben hinnehmen müssen. Die Wüsten wachsen durch die Veränderung des Klimas. Wälder werden abgeholzt. Wassermangel entsteht mit der Überweidung durch den enormen Viehbestand, den wir für unseren Fleischkonsum brauchen. Wir haben es heute schon zu tun mit Strömen von Wasserflüchtlingen, die ihre Länder verlassen, weil sie ausgetrocknet sind. Wir werden wohl auch Kriege um Wasser zu erwarten haben. Die knappe Ware Wasser könnte in die

Hände skrupelloser Profitgeier geraten. Den Anfang davon haben wir schon. Es gibt Länder, in denen ganze Seen und Flüsse an Privatunternehmen verkauft werden, die dann den Preis des Wassers bestimmen können.

Was heißt unter diesen Umständen *Durstige tränken*? Es ist nicht nur eine Aufforderung, dem müden Wanderer, der seine Wasserflasche vergessen hat, einen Schluck aus der eigenen zu geben. Die Werke der Barmherzigkeit regeln nicht nur die Verhältnisse zwischen Einzelnen. Sie haben einen politischen Namen, Gerechtigkeit. Gerechtigkeit ist strukturell gedachte Liebe; es ist nicht nur die personale Zuneigung des einen zum anderen. Die Liebe denkt nicht nur interpersonal, sondern sie lebt in der strukturellen Beachtung von Wirklichkeit. Wenn diese Liebe langfristig ist und ihre politische Naivität abgeschüttelt hat, dann weiß sie, was der Markt und die Ökonomie den Menschen antun können. Diese öffentlich gewordene und an Öffentlichkeit interessierte Liebe verdient am ehesten den Namen Solidarität. Solidarität also ist die Haltung, die die Bedingungen und die Strukturen des menschlichen Lebens bedenkt. Sie meint nicht nur einen einzelnen Menschen, sie denkt menschheitlich. Die Nächstenliebe meint eher den Hungernden, die geschändete Frau, das verlassene Kind, die in mein Blickfeld gekommen sind und die mich adoptiert haben, indem ich sie angesehen habe. Zwischen Nächstenliebe und Solidarität besteht ein Unterschied in der Pointierung, nicht aber im Wesen. Solidarität ohne Liebe in reiner moralisch-politischer Mechanik wird leer. Liebe ohne Intelligenz, Liebe ohne den Blick für die Strukturen des Rechts und des Unrechts wird blind und hilflos.

Als es in einer christlichen Gemeinde in Hamburg einen Vortrag gab mit dem Titel: Wer profitiert von der Privatisierung des Wassers?, protestierten Gemeindemitglieder gegen den Vortrag und meinten, dies sei eine unerlaubte Einmischung der Kirche in politische Sachverhalte. Es kam der bekannte Vorwurf: Davon verstehen die Kirchen nichts. Das müssen sie den Fachleuten überlassen. Nein, die Kirchen sind nicht in allen Dingen Fachleute. Aber sie verstehen etwas von der Armut der Menschen. Kirchen sind schön geworden in ihrer Aufmerksamkeit auf den Hunger und Durst der Menschen. Sie sind erwachsener geworden, indem sie die Beseitigung von Hunger und Durst nicht nur als eine privatkaritative Aufgabe verstehen, sondern überlegen, wodurch Hunger und Durst entstehen und wer vom Hunger der meisten profitiert. Sie nehmen mehr und mehr ihre prophetische Aufgabe wahr, störrisch in verblendeten Zeiten auf dem Willen Gottes zu bestehen.

Die Kirche sollte interessiert sein an den ungeheuren Geschäften mit Lebensgütern und an der Vernichtung von Ressourcen. Und sie soll mit ihrer Empörung nicht hinter dem Berg halten. Gott hat sie bestellt zum Schutz seiner Armen. Wenn eine Kirche das vergisst, dann mag sie religiös sein, aber christlich ist sie nicht.

Die Kirche wird ihre prophetische Aufgabe nicht los. Sie wird ihren Jesus nicht los, der in der Gerichtsrede im Matthäusevangelium gesagt hat: »Ich bin durstig gewesen, und ihr habt mir zu trinken gegeben.« Und er hat gesagt: »Was ihr einem von diesen Geringsten nicht getan habt, das habt ihr mir nicht getan.« Der Schweizer Schriftsteller Peter Bichsel sagte einmal in einem Gespräch mit Dorothee Sölle: »Die Kirche wird diesen Christus nicht loskriegen. Das mag ich ihr gönnen. Ich finde das so toll, dass sie das nicht kann. Denn seit annähernd 2000 Jahren versucht sie es. Sie weiß, wenn sie ihn loskriegt, gibt es sie nicht mehr. Solange es sie gibt, ist aber der Begründer der Kirche eine ungemeine Belastung.« Der Christus der Bergpredigt – eine glückliche Last der Kirche und der Christen.

Die Stimme Christi aus jener Gerichtsrede in Matthäus 25 klingt schwer: Die Hungrigen sollen gespeist, die Durstigen getränkt, die Nackten gekleidet und die Fremden beherbergt werden. Aber uns sind damit nicht nur eine Moral, sondern eine Schönheit und eine Menschenwürde zugemutet.

Welche Würde des Menschen und welche Kühnheit! Welche störrische Unabgefundenheit mit dem natürlichen Lauf der Dinge! Die Armen sollen nicht in ihrer Armut verkommen und die Geplagten nicht in ihren Schmerzen. Uns wird die Würde des Durstes nach Gerechtigkeit und Frieden zugemutet. Die Barmherzigkeit wird uns zugetraut, jene schönste Fähigkeit der menschlichen Seele. Es kann ja sein, dass wir diese Werke der Barmherzigkeit nicht zu Ende leben können. Was kann man schon zu Ende leben! Es kann ja sein, dass wir sie als Einzelne und als Kirche oft verraten. Aber wenn wir diese wundervollen Sätze Christi haben, dann können wir wenigstens lesen und bemerken, dass wir Verräter sind. Dies zu bemerken ist gar nicht selbstverständlich. Wir lassen uns nicht vertreiben aus den

Zumutungen Christi, mit denen kein Staat zu machen ist und ohne die jeder Staat verkommt. Wir leben in einem Haus, das auf dem Fundament dieser großen Lebensvision gebaut ist. Wohin sollten wir gehen, wenn wir es verlassen?

Fremde beherbergen

»Ich bin ein Fremder gewesen, und ihr habt mich beherbergt.« (Matthäus 25,35) »Dissolve« bedeutet in der Filmtechnik die Überlagerung zweier filmischer Bilder. Ein Bild schiebt sich in ein zweites hinein. Zwei Bilder schieben sich in der Gerichtsrede Jesu ineinander, und schließlich ist das eine nicht mehr vom anderen zu unterscheiden. Das eine Bild: die vergewaltigte Frau aus dem Sudan, die bei uns Herberge und Obhut sucht; das andere Bild: das Gesicht Christi. Die Bilder sind nicht mehr zu trennen. Christus selbst interpretiert die Bilder: »Was ihr einer von diesen Geringsten getan habt, das habt ihr mir getan.« Die Fremde, der Gast, der aus seiner Heimat Verjagte, die vor dem Hunger aus ihrer Heimat Geflohenen – sie sind nicht nur, was sie sind. Wer sehen kann, erkennt in ihnen die Gesichtszüge Christi. Er erkennt in ihnen die Engel Gottes.

Der Autor des Hebräerbriefes verlockt zur Gastfreundschaft und erinnert die Gemeinde daran, dass sie in den Gästen »ohne ihr Wissen Engel beherbergt haben« (Hebräer 13,2). Unsere Kirchen sind Institutionen, die wirksam und langfristig gegen die Fremdenfeindlichkeit arbeiten. Das ehrt sie, und das macht sie zu einem Haus, in dem man wohnen kann. Es gibt viele Dokumente, viele Predigten, in denen zu Recht Fremdenfeindschaft angeprangert wird und die zeigen, was Fremden damit angetan wird. Ich möchte überlegen, was wir uns selbst antun, indem wir Fremde nicht beherbergen. Und umgekehrt: was unser Reichtum ist, wo wir den Fremden Gastrecht geben.

An den Fremden lernen wir, wer wir selbst sind. Ich bin aufgewachsen in einem Dorf, in dem man zu meiner Jugendzeit praktisch keine Fremden kannte. Es gab keine Ausländer, fast alle waren katholisch, man kannte keine andere Religion als das Christentum. Man kannte keine andere Form der Sexualität als die offiziell gebilligte; keine andere Form der Kindererziehung als die übliche und keine andere Weise des Kochens als die immer schon gewohnte. Es lebte sich gut in diesem Dorf, wenn man dazugehörte und wenn man eingebürgert war in den allgemeinen Glauben und die allgemeine Lebenspraxis. Es war ein einstimmiges Dorf, aber dies war sein Problem. Man weiß nur, wer man ist, wenn man sich dem Schmerz der Fremdheit aussetzt. Man lernt den eigenen Reichtum erst kennen, wo man sich mit fremden Lebensentwürfen und fremder Religion auseinandersetzen muss. Man lernt den eigenen Mangel erst kennen, wenn man auf den Reichtum der Fremden stößt. Wo man nur sich selbst kennt, besteht die Gefahr, dass man sich für einzigartig hält. Man kann sich kaum hinterfragen, wo man die Fremden und das Fremde nicht an sich heranlässt. Man bringt sich um die Freiheit, zu wachsen und mehr zu werden, als man ist, wo man sich der Fremdheit der anderen verweigert. Und natürlich ist der Glaube an die eigene Einzigartigkeit die Bedrohung all derer, die nicht sind wie wir selbst. Die eigene Art für die allein seligmachende zu halten, ist immer in Gefahr, andere Lebensarten zu verachten oder gar auszurotten. Die Geschichte kennt viele Beispiele dafür. Die dumpfste, geistloseste und tödlichste Zeit für alles Fremde war die Nazi-Zeit mit ihrem Rassismus; ihrem Glauben an die nordische Herrenrasse; ihrer Verfolgung aller Abweichler und aller, die den verordneten Glauben an die Götzen Führer, Volk und Vaterland nicht teilten.

Es gehört also zum Reichtum und zur Schönheit des menschlichen Lebens, die Fremden und das Fremde zu ertragen, zu beherbergen, sich damit auseinanderzusetzen, davon zu lernen und damit im Eigenen gewisser zu werden. Ganz leicht ist das übrigens nicht. Es ist Arbeit. Das Fremde ängstigt auch. Alles, was ist wie wir selbst, kennen wir, ist uns vertraut und ist berechenbar. Wir gehen damit kein Risiko ein, und das Leben ist absehbar; absehbar und gefährlich, wo man sich im Eigenen völlig einkerkert. Man braucht sich also der Zurückhaltung oder gar der Angst vor dem Fremden nicht zu schämen, sie ist natürlich. Der Mensch ist von Natur aus nicht fremdenfreundlich. Das stellen wir nicht erst fest, seit die Menschen anderer Kontinente und Hautfarben bei uns Schutz und Herberge suchen. Wer kennt nicht aus alten Zeiten die Feindschaft zwischen Dörfern, die kaum einen Kilometer auseinander liegen; die Verachtung der Kölner den Düsseldorfern gegenüber (und umgekehrt); der Bayern den Preußen gegenüber (und umgekehrt); den scheelen Blick der Katholiken auf die Protestanten (und umgekehrt)! Menschen wollen Grenzen zwischen sich und dem Fremden. Vielleicht hat dies sogar einen Sinn. Grenzen sagen uns, wer wir sind und wer wir nicht sind. Die Frage ist nur, welcher Art diese Grenzbedürfnisse sind. Sind die Grenzen so durchlässig, dass sie nicht zur Vernichtung der anderen führen? Nicht die Angst vor dem Fremden ist entscheidend. Sie gehört zu unserer Natur. Die Frage ist, ob wir uns von der dumpfen Natur beherrschen lassen und ob die Angst uns so weit bringt, dass wir anderen das Lebensrecht absprechen. Ich brauche das Fremde und die Fremden nicht zu lieben, aber ich soll sie dulden, ich soll ihm Atem lassen, wie Gott uns mit unserer Art den Atem lässt. Humanität entsteht da, wo wir uns nicht von unserer eigenen Natur überwältigen lassen. Diese Humanität ist Arbeit. Sie ist uns nicht einfach in die Wiege gelegt. Liebe ist Arbeit, und nicht nur ein uns immer schon beschertes friedliches Gefühl.

Noch einmal zum dritten Werk der Barmherzigkeit: Fremde beherbergen! Ich versuche nicht zuerst die Moral dieser Aufforderung zu nennen, sondern den Reichtum, der uns damit zugemutet ist. Die Nonnen eines Klosters in Norddeutschland haben über Wochen eine

Familie aus dem Iran beherbergt, die ausgewiesen werden sollte. Sie haben sich der Aufforderung widersetzt, diese Familie auszuliefern. Als schließlich die Polizei kam, um die Familie abzuholen, haben sich die Nonnen in ihren Kutten auf die Zufahrtsstraße gesetzt und die Auslieferung verhindert. Eine der Nonnen sagte: »Wenn ich die Kinder dieser Familie sehe, denke ich immer, es könnten meine eigenen sein.« Diese Frauen haben keine eigenen Kinder, aber sie haben die fremden bedrohten Kinder adoptiert, indem sie ihnen Schutz geboten haben. Welch verschwenderischer Reichtum ihres Herzens, die fremden Kinder als ihre eigenen anzusehen. Welche Größe, fremdes Leid als eigenes Leid zu betrachten! Und umgekehrt: Welche Herzensdürre und Hässlichkeit verrät der Satz: »Das geht mich nichts an!« Die Werke der Barmherzigkeit lehren uns: Alle Fremden gehen uns etwas an, alle Hungernden, alle Dürstenden und alle, die das Leben schlägt. Aber die Gebote Gottes sind nicht moralische Peitschen, die uns jagen. Es sind die Zumutungen eines schönen und menschenwürdigen Lebens.

Nackte kleiden

»Ich war nackt, und ihr habt mich gekleidet.« (Matthäus 25,36) Die erste Güte, die Menschen nach ihrer Geburt erfahren: sie werden gestillt und sie werden bekleidet. Im Schoß ihrer Mütter brauchten die Kinder keine Kleidung. Sie waren gewärmt von der Wärme der Mütter. Wenn sie geboren sind, sind sie voller Wünsche, die sie sich nicht selbst erfüllen können. Sie sind wehrlos gegen die Kälte des Lebens. Nacktheit ist wohl die tiefste Form der Verletzlichkeit und der Wehrlosigkeit. Jemanden bekleiden heißt, jemanden am Leben erhalten. An diesem Werk der Barmherzigkeit frage ich mich, wie wir unsere Kinder bekleiden, dass sie leben können; dass sie ihre Lebenshäuser als warme und bewohnbare Stätten erleben. Unsere Kinder können nicht nur körperlich frieren. Sie können auch vor Seelenkälte erstarren. In unserer Gesellschaft sind die meisten Kinder vor Wind und Wetter geschützt. Das allein heißt noch nicht, dass ihre Seele gewärmt ist. Meine Frage ist: Wo wärmen sich unsere Kinder an der alten Sprache, die uns sagt, dass das Leben gut ist; dass Gott es in seiner Hand hält und dass nichts in eisige Abgründe stürzt?

In Erich Kästners Roman »Das Doppelte Lottchen« gibt es gegen Ende des Buches folgende Szene: Die Eltern der Zwillingen lebten getrennt. Der raffinierte Plan der beiden Mädchen hat sie wieder zusammengebracht. In einem Gespräch wollen die Eltern überlegen, ob sie dem Wunsch der Kinder folgen und zusammenbleiben können. Diese warten während des Gesprächs voller Angst und Hoffnung vor dem Zimmer, und eines sagt zum anderen: »Wenn wir jetzt doch beten könnten!« Aber es fällt ihnen kein Gebet mehr ein außer dem einen: »Komm, Herr Jesus, sei unser Gast und segne, was du uns bescheret hast!« Damit hatten sie noch eine letzte Erinnerung an das Gebet, an die große Sprache der Wünsche, die ausgreift bis ins Land des Gelingens und die in störrischem Trotz mehr verlangt, als die Gegenwart bietet. Was geschieht mit unseren Kindern, wenn sie nicht mehr als ihre Stummheit haben?

Wozu brauchen Kinder Religion?, fragen viele skeptisch. Ich benutze zunächst eine ästhetische Kategorie: Es ist schön, dass die Zwillinge im »Doppelten Lottchen« und dass meine Enkelkinder eine große poetische Sprache für ihre Wünsche und Befürchtungen haben. Es ist schön, dass unsere Kinder ihr Leben bergen können in die großen Bilder des Glaubens; dass sie es bergen können in die Hände und den Schoß Gottes. Es ist schön, dass sie das Essen nicht anfangen, als sei das Brot eine pure Selbstverständlichkeit, sondern vorher ein Wort des Dankes sprechen. Auch nicht-religiöse Menschen spüren dies, und so ist vor dem Essen wenigstens noch geblieben das »Piep, piep, piep, wir haben uns alle lieb!« Aber – ehrlich gesagt – der Psalmvers vor dem Essen »Aller Augen warten auf dich, Herr, du gibst ihnen Speise zur rechten Zeit« ist mir doch noch etwas lieber und würdiger als piep-piep-piep.

Ich frage, wie der Glaube den Kindern leben hilft. Es ist eigentlich nicht anders als bei uns Erwachsenen. Kinder sind Menschen mit Ängsten und Wünschen. Angstlosigkeit und Lebensvertrauen müssen sie lernen, wie man alles erst lernen muss. Wir können nicht sagen: Warten wir mit der religiösen Erziehung, bis die

Kinder 16 Jahre alt sind und sich selber entscheiden können! Kinder haben *jetzt* ihre Ängste, nicht erst wenn sie 16 sind. Warum sollten wir ihnen jetzt die Sprache vorenthalten, die sie tröstet und die ihre Ängste bannen kann? Kinder erleben *jetzt*, wie ihre Eltern sich trennen; sie sehen *jetzt* die Bilder des Krieges, die sie erschrecken. Sie erleben *jetzt*, wie Menschen um sie herum sterben. Warum sollten sie erst viele Jahre später von den Broten essen, die uns Erwachsene am Leben halten? Könnte es sein, dass wir unseren Kindern gerade dann die Freiheit des Glaubens und des Unglaubens verstellen, wenn wir sie vor der Einführung in die Schätze der Religion bewahren? Wie kann der ein Verhältnis zur Musik bekommen, von dem man sagt, er solle sie erst im späteren Alter kennenlernen, damit er sich frei entscheiden könne, ob er Musik will und ob er lieber Mozart oder lieber John Cage will? Kinder brauchen Menschen mit deutlichen Gesichtszügen und klaren Optionen. Sie brauchen Menschen, die sie mit hineinnehmen in ihren eigenen Lebensglauben, sei er religiös oder nicht. An den Gesichtszügen der Erwachsenen lernen sie ihr eigenes Gesicht. Unsere Kinder finden ihr Gesicht, wenn sie die Gesichter von anderen wahrnehmen.

Darf man Kinder religiös erziehen? Religiöse Menschen geraten, wenn diese Frage an sie gestellt wird, immer in Verteidigungszwänge. Ich möchte die Frage auch andersherum stellen: Darf man Kindern Religion vorenthalten? Denn auch die müssen wissen, was sie tun, und auch die stehen unter Begründungszwang, die ihre Kinder in einem religiösen Vakuum aufwachsen lassen. Auch für nicht-religiöse Menschen ist es nicht selbstverständlich, dass sie ihren Kindern Religion verschweigen oder dass sie diese für einen Irrtum erklären. Es mag für viele die religiöse Erziehung ihrer Kinder nicht mehr selbstverständlich sein. Aber ebenso wenig selbstverständlich ist die religiöse Ignoranz und Verwilderung, denen wir sie aussetzen.

Wie aber lehren wir die Sprache der großen Wünsche, der Träume und des Rechts, wenn der Glaube von uns Älteren und Alten selber seine Risse bekommen hat? Wir leben nicht mehr in den Zeiten der alten Sicherheiten und des unbezweifelten Wissens. Das aber gibt uns kein Recht zu schweigen. Ich habe vor einiger Zeit eine junge Frau getroffen. Sie erzählte von ihren kleinen Kindern und sagte dann: »Mein Glaube ist im Laufe der Jahre brüchig geworden. Ich habe ihn nur noch in

Fragmenten. Aber eines kann ich noch: Ich zeichne den Kindern jeden Abend ein Kreuz auf die Stirn und sage zu jedem: Gott behüte dich.« Wenigstens dies tut die junge Frau. Sie bedeckt ihre Kinder am Abend mit einem Zeichen, an das ihre Hand mehr glaubt als ihr Herz. Auch das ist eine Form des Glaubens. Weil sie ihre Kinder liebt, liefert sie sie nicht nackt den kalten Nächten aus. Ich bewundere die Demut dieser Frau, die ihre eigene Glaubenskargheit nicht zum Maßstab für das machte, was sie ihren Kindern erzählt. Der Hunger der Kinder öffnet ihr den Mund für das, was sie selber kaum sagen und tun kann. Der Hunger der Kinder baut an ihrer Sprache. Sie lernt den Glauben, indem sie das kleine Zeichen des Glaubens wagt. Was soll daran falsch sein? Sie lässt ihre Kinder nicht an dem mageren Arm ihrer eigenen Redlichkeit verhungern. Den großen Bruch mit den Traditionen haben wir Alten vollzogen und erlitten. Aber wir leben noch von den Bildern, der Lebensauffassung und der Moral jener Überlieferungen. Unsere Kinder werden sie nicht mehr kennen, wenn wir stumm bleiben und uns bescheiden in der eigenen Sprachlosigkeit. Nackte bekleiden: die Seelen unserer Kinder nicht stumm und ohne Lieder lassen.

Kranke pflegen

»Ich bin krank gewesen, und ihr habt mich besucht«, spricht Christus in der großen Gerichtsrede im Matthäusevangelium. Dieser Satz ist in einer Zeit gesagt, in der es keine Kranken- und Sozialversicherungen gab. Die Kranken waren zugleich die Armen, die sich nicht mehr versorgen konnten und deren Kraft zum Leben gebrochen war. Es war nicht selbstverständlich, dass man Kranke »besuchte«, d.h. sie pflegte, sie wusch, ihnen zu essen und zu trinken brachte. Barmherzig zu sein zu dem Leben, das sich nicht mehr selbst versorgen kann, liegt nicht in der groben Natur des Menschen. Es gab Gesellschaften genug, die die Schwachen und Lebensunfähigen schlicht ausgestoßen haben. Wir brauchen nur an die Nazi-Zeit zu denken. Wer dauerhaft körperlich, seelisch oder geistig Krank war, sollte »ausgemerzt« werden, wie es in der Nazi-Sprache hieß. Die Untauglichen und nutzlosen Esser sollten vernichtet werden.

Es war auch nie selbstverständlich, dass man *alle* Kranken pflegte. Es gibt heute noch Gesellschaften, in denen die Kranken des eigenen Clans versorgt werden, wer aber als Kranker nicht zur Sippe gehörte, bleibt auf der Strecke. Zur Zeit des Vietnamkrieges, als die Krankenhäuser wenig Pflegepersonal hatten, haben die Familien die Kranken gepflegt, aber nur die, die, die ihres eigenen Blutes waren, die Fremden blieben unversorgt. Darum ließ Ho Chi Minh, der Präsident von Nord-Vietnam, ein Schild über jedem Bett anbringen mit der Aufschrift: »Es ist dein Onkel, sie ist deine Mutter.« Er hat an die Verwandtschaft aller Menschen erinnert. Auch der fremde Kranke ist dein eigenes Fleisch und Blut!

Zu der wundervollen Humanität Jesu gehört seine Art, Grenzen zu durchbrechen: die Grenze zwischen *unseren* Kranken und den anderen; die Grenzen zwischen *unseren* Leuten und den Fremden; die festgefügten Grenzen zwischen Männern und Frauen, zwischen Gerechten und Sündern, zwischen Juden und Heiden. Die Angst errichtet Grenzen, die Güte hebt Grenzen auf. Wundervoll sind auch die Kirchen, die sich in den Werken der Barmherzigkeit diesen Geist Christi zum Grundgesetz gemacht haben. Sie haben ihn oft verraten, das ist wahr. Aber sie hatten diesen Geist in ihren Grundtexten, und so konnte der Verrat nicht endgültig sein. Immer wieder haben sich Einzelne oder Gruppen gefunden, die hörten, was Christus sagte: »Ich bin krank gewesen, und ihr habt mich besucht.« Es haben sich Orden gebildet, die sich der Pflege und Heilung der Kranken und damit der Absicht Christi verschworen haben: die Kamillianer, die Lazaristen, die Kreuzschwestern, die Barmherzigen Brüder. Sie haben das getan, was die Gesellschaft vernachlässigt hat.

Es gibt Krankheiten, mit denen man sich in der Gesellschaft nur schwer sehen lassen kann. Der Herzinfarkt scheint dem Ansehen des Arbeitswütigen nicht zu schaden und nicht das Magenleiden dem Manager. Eine Geisteskrankheit aber oder Aids betrachtet die Gesellschaft eher als Verschlusssache. Diese Kranken sollen sich, wenn sie schon vorkommen, verbergen. Sie sollen einem nicht unter die Augen kommen. Sie sollen uns in einer Welt, in der man fast alles machen kann, nicht daran erinnern, dass es nach wie vor tragische Hilflosigkeit gibt; darum sollen sie nicht ans Tageslicht. Aber der Mensch braucht die Öffentlichkeit wie das tägliche Brot. Wer man ist, weiß man nicht nur in sich selbst. Man muss sich zeigen dürfen, erst dann wird man sich einsichtig. Die Kultur des Schweigens ist in einem tiefen Sinn eine Unkultur. Man kann sich allein in der eigenen Krankheit nicht annehmen. Annehmen kann man sich nur, wenn man angenommen wird. Sich selbst ansehen kann man nur, wenn zugleich die Öffentlichkeit einen ohne Panik ansieht. Darum schulden wir den Menschen die Öffentlichkeit unseres Blickes. Wegsehen und Verschweigen ist eine Form der Schändung des Menschen mit seiner Krankheit. Es gibt viele Formen, Menschen zu beleidigen. Eine davon ist, sie nicht wahrzunehmen; ihnen nicht zu erlauben, sich kenntlich zu machen. Welche Erleichterung wäre es z. B. für unsere Aidskranken, sagen zu können, wer sie sind und woran sie leiden! Wir gewinnen uns selbst, wenn wir keinen im Dunkeln lassen und wenn keine von unserem Blick verstoßen wird.

Dass Menschen die eigene oder die fremde Krankheit nur schwer annehmen können, hat auch mit der unseligen und geläufigen Verbindung von Krankheit und Schuld zu tun. Als die Jünger auf einen blind Geborenen treffen, fragen sie Jesus: »Wer hat gesündigt, dieser oder seine Eltern, dass er blind ist?« Einer muss doch schuld sein am Unheil der Krankheit – das ist eine Behauptung, die Menschen leicht aufstellen, wenn sie auf beschädigtes Leben stoßen oder wenn sie selbst beschädigt sind. Krankheit sofort mit der Schuldfrage zu verbinden ist eine Art negativer Sinngebung. Alles muss einen Grund haben, auch die Krankheit. Wenn man einen Grund nennen kann für das, was einem zustößt, dann scheint das Leben nicht mehr chaotisch und zufällig. Wenn eine Schuld festgestellt werden kann, dann scheint die Krankheit gerecht und das Leben wieder recht. Krankheit ist Strafe, und Strafe ist gerecht! Wie viele Menschen quälen sich mit solchen Gedanken. Es gehört zur Größe des Menschen, sich selbst zur rechten Zeit die Schuldfrage zu stellen, und es gehört zur Güte des Menschen sich selbst und anderen gegenüber, die Schuldfrage zu vergessen. Auf die Frage der Jünger antwortet Jesus: »Weder der Kranke hat gesündigt noch seine Eltern, sondern es sollen die Werke Gottes an ihm offenbar werden.« Jesus heilt den Blinden. Er fragt nicht nach hinten, nach Grund und Ursache. Diese Frage tröstet und heilt niemanden. Er schaut nach vorne: Es sollen die Werke Gottes offenbar werden. Es wird dem Kranken damit etwas versprochen. Die Fesseln der Krankheit sind nicht das Letzte, was zu sagen ist. Ein tröstlicher Satz, wenn wir auch nicht wissen, wie er wahr wird.

»Es sollen die Werke Gottes an ihm offenbar werden.« Das Versprechen dieses Satzes hat in der Tradition ein wundervolles Spiel gefunden, die Krankensalbung. In der Salbung wird dem Kranken das Unerledigte, das Zerbrochene und Zersplitterte seines Lebens bedeutet. Es ist ein realistischer Akt, der an den Zerstörungen des Lebens nicht vorbeisieht zugunsten einer trügerischen Harmonie. Es ist ein kühner Akt. Denn in ihm wird eine Zusammenfügung des Zersplitterten gewagt und versprochen: Öl heißt Heilung; nicht der Krankheit unbedingt, sondern der Zersplitterung des Lebens. Die Geste sagt: Was auch war, dieses Leben endet nicht in zersplitterter Zusammenhanglosigkeit. Es wird mit Kühnheit ein Ganzes behauptet: Gott lässt niemanden in eisige Abgründe stürzen, auch die Stürzenden nicht.

Gefangene besuchen

»Ich bin im Gefängnis gewesen, und ihr habt mich besucht.« (Matthäus 25,36) Gefängnisse sind immer grauenvolle Orte, mögen sie noch so gut geführt werden. Zur Zeit Jesu aber waren es Höllen. Die Grausamkeit gegen die Gefangenen war selbstverständlich, sie bekamen kaum zu essen und zu trinken und wurden wie Tiere gehalten. Die Gefangenen jener Zeit waren nicht alle Verbrecher. Es waren vor allem Armutsgefangene, Leute, die in Schulden geraten waren und sich nicht befreien konnten; Bettler; Fremde, die aufgegriffen wurden; elternlose Kinder, die stehlend und streunend durch das Land zogen. Jesus stellt in jenem Satz seiner Gerichtsrede nicht die Frage, ob diese Menschen zu Recht oder zu Unrecht gefangen waren. Er stellt fest: »Ich war im Gefängnis, und ihr habt mich besucht.« Oder aber drohend: »Ich war im Gefängnis, und ihr habt mich nicht besucht.« Die Härte, ja, die Unmöglichkeit der jesuanischen Zumutung kann man ermessen, wenn man solche Gefangenschaften konkret benennt: Ich war Anders Breivik, der auf einer Insel in Schweden 69 Kinder und Jugendliche umgebracht hat, und ihr habt mich besucht! Oder: Ich war jener Kinderschänder, und ihr habt mich besucht! Jesus meint also nicht nur die unschuldigen Gefangenen, die zu Unrecht verurteilt waren. Er spricht von Gefangenen und unterscheidet nicht.

Mein erstes Gefühl gegen diese Zumutung ist Empörung. Nun gut, dass man Unschuldige besucht, ist ein Akt der Humanität, für den man weder Jesus noch die Bergpredigt braucht. Aber wirklich Schuldige besuchen, sich um sie kümmern, sie nicht in ihrer Verstricktheit und Einsamkeit belassen – ist das nicht eine Verachtung der Opfer? Ist das nicht eine Verniedlichung von Schuld?

Die ungezähmte Natur des Menschen fordert vom Ursprung her Rache. Wer den Leib oder die Seele unserer Kinder verdirbt, soll büßen. Wer geschlagen hat, soll geschlagen werden. Wer getötet hat, soll leiden. Es soll ihn niemand besuchen und ihm die Einsamkeit seiner Zelle mildern. Es soll der keine Chance haben, der anderen die Chance genommen hat. Dies sind verständliche und natürliche Gefühle, und wer hätte sie nicht angesichts der furchtbaren Verbrechen, von denen wir hören oder von denen wir selbst betroffen sind! Das Bedürfnis nach Rache und mitleidloser Strafe ist vielleicht eine ursprüngliche Form der Gerechtigkeit und der Wiederherstellung des Rechtsfriedens in einer Gesellschaft.

Jesus ist nicht der Erste, der den natürlichen Vergeltungsgelüsten widerspricht, aber er tut es am gründlichsten; und zwar mit dem Gedanken der Gnade, der unserer Natur nicht geläufig ist. Er erzählt in vielen Geschichten und zeigt an Beispielen, dass der Mensch nicht eingekerkert ist in das Gefängnis seiner Vergehen. Das Evangelium ist voll von Freilassungsgeschichten. Die Ehebrecherin, die nach dem Gesetz sterben soll, wird frei gelassen (Johannes 8). Mit Zachäus, dem Zöllner, der mit Recht verachtet wird, weil er die Leute ausgebeutet hat, isst und trinkt Jesus und sagt ihm so, dass er nicht Beute seiner verfehlten Vergangenheit bleibt (Lukas 19). Jesus hat offensichtlich eine besondere Hinneigung zu denen, die durch das Netz der Ehrbarkeit gefallen sind und die sich die Zukunft verbaut haben. Er ist mehr interessiert an dem einen Schaf, das sich in der Wüste verloren hat, als an den 99, die auf dem Weg geblieben sind. Provokativ wird erzählt, dass sein eigentlicher Ort die Gemeinschaft mit den Sündern und Zöllnern, mit den Fressern und Säufern und anderen Ausgestoßenen der Gesellschaft war. Dies alles sind Gefängnisöffnungsgeschichten. Wir haben die Geschichten so oft gehört und im Hören kastriert, dass wir die Fresser, Säufer und Betrüger für ganz nette Kerle halten. Aber sie waren so wenig nett, wie die Fresser, Säufer und Betrüger es heute sind.

Der innerste Kern des Evangeliums ist der Gnadengedanke. Die innerste Absicht des Gottes, den Jesus uns in diesen Geschichten zeigt, ist Gnade. Es ist keine billige Gnade, d. h. die Schuld des Menschen wird nicht klein geredet. Gott vergibt, aber er befreit nicht von den Folgen der Verbrechen. Er lässt Menschen leben und lässt sie neu anfangen, beladen mit der Last ihrer Untat. Die Schuldigen sind Gesegnete und Geschlagene zugleich. Gott verbilligt nichts, auch nicht seine Gnade. Gott hält uns für mündig, darum auch für schuldmündig. Wir sind keine Apparate, wir sind Menschen mit Gewissen und mit der Fähigkeit, unser Leben zu verspielen. Die Wörter Sünde und Schuld sind keine Ausdrücke, die uns erniedrigen. Sie sagen etwas über die Größe und die Schönheit des Menschen. Je ernster man sich selbst nimmt, umso ernster nimmt man auch seine Sünde und seine Schuld.

Was heißt das nun für unsere Gefängnisse? Auch hier gilt nach christlicher Auffassung: Der innerste Kern des Strafgedankens ist der Gnadengedanke; nicht der Rachegedanke, nicht einmal der Sühnegedanke. Sicher hat eine Gesellschaft das Recht, sich vor Straftätern zu schützen. Aber immer gilt: Der Mensch ist vor diesem Gott gnadenverdächtig. Gnade kann also nicht nur gedacht werden für den Fall, dass ein Straftäter kein Risiko für die Gesellschaft mehr ist. Sie muss von dem Moment an mitgedacht werden, wo dem Täter das Handwerk gelegt ist. Ob eine Gesellschaft konsequent den jesuanischen Gnadengedanken verfolgen kann, weiß ich nicht. Es ist wie mit der Bergpredigt: Sie ist unmöglich und unentbehrlich. Aber sicher ist, dass die Gesellschaft zurückfällt und zu einer barbarischen Horde wird, wo Gnade nicht ein ständiges Regulativ wird; wo sie nicht ihre Gerichte, ihre Urteile, ihre Gefängnisse, ihre Strafmechanismen vom Gnadengedanken her in Frage stellen lässt.

Jesus isst und trinkt mit Zöllnern und Sündern. Essen und Trinken sind sinnliche Formen der Gemeinschaft. Es gibt zwei Strafinteressen, das eine, das jesuanische mit dem endgültigen Ziel, den Täter wieder einzugliedern, mit ihm »zu essen und zu trinken«; das andere, die Täter auszustoßen, zu isolieren und sie möglichst lange oder gar für endgültig zu separieren. Vielleicht nicht einmal in unserem Strafsystem, aber in den Wünschen eines Großteils der Gesellschaft triumphiert der Gedanke, die Täter wegzusperren und unsichtbar zu machen, möglichst für immer. Am deutlichsten wird dies beim Ruf nach der Todesstrafe. Man kann sein Herz nicht verleugnen, und gelegentlich überfällt uns dieser Wunsch, wenn z.B. Kinder geraubt und in Kinderbordelle gesteckt werden. Aber das Evangelium bindet uns die Hände und reinigt unsere Wünsche. Es erlaubt keine Lösung, bei der die Kerker endgültig verschlossen bleiben. Es erlaubt kein »lebenslänglich«. Dies gegen das eigene knirschende Herz zu glauben, auch das hieße Gefangene besuchen.

Tote begraben

»Tote begraben« wird erst ab dem 12. Jahrhundert zu den sieben Werken der Barmherzigkeit gezählt. Die erste bildliche Darstellung dieses Werkes haben wir im 13. Jahrhundert. Auf ihr findet sich diese Mahnung:

> Wenn arme Brüder ihren Lebenslauf vollendet haben / so trage von deinem Überfluss etwas bei / und denk doch, dass auch dies ein Werk der Liebe sei / wenn man besorgt ist, sie ehrlich zu begraben.

Es hat noch keine Kultur gegeben ohne Sorge für die Toten, ohne aufwendige Beerdigungen und Totenfeiern. Nicht jeder aber konnte die Kosten für die Beerdigung aufbringen, »wenn arme Brüder [und Schwestern] ihren Lauf vollendet haben«. Es bildeten sich Bruderschaften, die sich der Beerdigung und des Gedächtnisses der Toten in besonderer Weise annahmen. Zu deren Aufgaben gehörte das Begräbnis mittelloser, verfemter und hingerichteter Personen. Einen Toten nicht zu beerdigen oder ihm eine angemessene Beerdigung zu verweigern, war eine letzte Schmach für ihn. Was heute eine kommunale Aufgabe ist, haben in jenen Zeiten solche Bruderschaften ausgerichtet. Es ging dabei nicht nur um die Beerdigung der Toten, sondern um ihr langfristiges Gedächtnis. Darum gehörte zu diesem Werk der Barmherzigkeit die Sorge für ihre Seele. So entwickelte sich ein eindrücklicher Armeseelenkult, der besonders in katholischen Gegenden heute noch zu finden ist. Man hat Ablässe für sie gewonnen; das Rosenkranzgebet war ebenso wichtig wie die Messstiftungen. Dies spielte besonders da eine Rolle, wo die Angst vor den Qualen des Fegefeuers oder der Hölle groß war. Kein anderes Symbol, kein anderer Gedanke hat in der Geschichte der Christenheit so viel Angst und Schrecken verbreitet wie der eines grandiosen Gerichts über den Menschen nach seinem Tod. Es liegt wohl daran, dass die Hoffnung, das Gottesbild und die Frömmigkeit der Menschen nicht unabhängig sind von den Lebenslagen, in denen sie sich befinden. Ist das Leben karg, sind das

Brot und die Gesundheit nicht selbstverständlich; sterben die Kinder früh und sind die Menschen in ihrem alltäglichen Leben tief verängstigt, dann zeigt sich dies auch als Angst vor Gott und seinem Gericht. Ist das Zutrauen zum Leben gering, dann droht auch das Zutrauen zu Gott zu verblassen. Dass unser Gottesbild heute freundlicher ist; dass die religiösen Texte und Lieder fröhlicher und menschenfreundlicher sind, das hat auch damit zu tun, dass das Leben zu uns freundlicher ist und dass es nicht jeden Augenblick vom Tod bedroht ist, jedenfalls nicht in unserer Ersten Welt. Und so ist es kein Wunder, dass das düstere Dies Irae aus der Totenliturgie verschwunden ist und dass wir in neuen Kirchen keine düsteren Gerichtsdarstellungen mehr finden.

Gewiss, die Sorge um die Toten war immer zeitgebunden und hatte in den verschiedenen Zeiten verschiedene Formen. Aber es gibt keine Humanität ohne die Erinnerung an die Toten. »Tote begraben« heißt nicht nur, sie unter die Erde bringen. Unbeerdigt bleibt heute in unserer Gesellschaft niemand, aber vergessen werden viele. Wenn man human leben will, muss man die Namen der Toten kennen; d. h. man muss wissen, was sie gelitten haben, was sie geträumt und gehofft haben; was ihnen gelungen und misslungen ist. Dies gilt nicht nur für die Toten aus dem Kreis der eigenen Verwandtschaft. In allen Kulturen gibt es die Grundabsicht mit den Toten, sie heimzuholen und sie nicht in fremder Erde begraben sein zu lassen. Sie heimholen heißt, ihrer gedenken. Das Gedächtnis der Toten lässt sie noch einmal bei uns sein und macht ihren Tod zu einem Erbe und zu einer Pflicht. In lateinamerikanischen Basisgruppen erzählen sich die Bauern das Schicksal der von den Großgrundbesitzern Ermordeten. Die Gruppe antwortet auf die Erzählung mit dem Ruf: Presente! Sie sind hier. Zwei Dinge muss man von den Toten wissen: was sie gelitten und was sie geträumt haben. Dieses Wissen stiftet Heimat. Heimat ist der Ort der gehäuften Erinnerung. Zu dieser Erinnerung gehört alles, was den Toten angetan und vorenthalten wurde. Es gilt beides: Heimat ist der Ort der Erinnerung an die Toten, und die Erinnerung an die Toten stellt Heimat her. Zuhause ist man in ausgeleuchteten Räumen, in Räumen, die man sich bekannt gemacht hat. Zu dieser Heimatkunde gehört das Gedächtnis der Toten. Es lässt sich in einem Land besser wohnen, in dem man die Zusammenhänge von Lebenden und Toten kennt. Heimat ist also nicht der Ort der ungetrübten Harmonie. Es ist der Ort der Erinnerung an Lebensgelingen und Lebensverlust, der Ort, an dem die Toten einen Namen haben. Die Planierung des Gedächtnisses entheimatet uns genauso wie die Planierung der Landschaften, die wir beklagen.

Das siebente Werk der Barmherzigkeit ist auch Barmherzigkeit den Lebenden selbst gegenüber. Wenn ich aus Luzern in die saarländische Heimat meiner Kindheit komme, ist es auch immer eine Rückkehr zu den Toten. Ich gehe auf den Friedhof. Dort liegen meine Eltern, zwei meiner Geschwister, Verwandte und Bekannte. Inzwischen kenne ich auf dem Friedhof mehr Menschen als in dem Dorf, in dem ich geboren bin. Ich bin mit ihnen verbunden, denn die Menschen, an die ich mich dort erinnere, haben mir selber zum Leben verholfen – meine Eltern, meine Großeltern, an deren Grab ich vorbeigehe, die Freunde. Ich bin weniger allein, wenn ich die Toten in meiner Erinnerung lasse. Heinrich Böll hat kurz vor seinem Tod einen Text für seine Enkeltochter geschrieben, er stand dann auf seiner Todesanzeige:

Wir kommen weit her
Liebes Kind

Und müssen weit gehen
Keine Angst
Alle sind bei dir
Die vor dir waren
Deine Mutter, dein Vater
Und alle, die vor ihnen waren
Weit weit zurück
Alle sind bei dir
Keine Angst
Wir kommen von weit her
Und müssen weit gehen
Liebes Kind.

Die Erinnerung an die Toten beheimatet uns. Wir haben uns das Leben nicht selbst gegeben. In unser Leben ist hineingestrickt all die Zuneigung und Zärtlichkeit der Menschen, an die wir uns erinnern. Wir müssen nicht anfangen mit dem Leben und Erste sein. Es ist uns die Last abgenommen, Original zu sein, und wir essen von dem Brot, das andere für uns gebacken haben. Sie, die da liegen, sind auch im Tode noch meine Lehrer. Sie sagen mir, dass ich sterben werde. Jeder Mensch, der mir nahe ist und der vor mir stirbt, zieht einen Pflock heraus aus dem Zelt meines eigenen Lebens. Er löst mir die Hand, die sich ins Leben krallen will. Spätestens als meine Schwester und meine Brüder starben, wusste ich, dass ich sterblich bin. Jeder der Freunde, die gestorben sind, sagt mir: Was ich gekonnt habe, das wirst auch du können – sterben. So ist das Gedächtnis der Toten eine Lehre, die uns vor dem Trug der eigenen Unsterblichkeit befreit.

Die sieben geistlichen Werke der Barmherzigkeit

Die Unwissenden lehren

Das erste der geistlichen Werke: Die Unwissenden lehren. Ich habe Mühe, die Unterscheidung zwischen den selig Wissenden und den unselig Unwissenden, die zu belehren sind, sympathisch zu finden. Fast lieber möchte ich mich auf der Seite der Unwissenden finden, die herumsuchen, herumtappen, sich ihre Lebenswege erst bahnen müssen und dabei den Irrtümern nicht entkommen. Ich misstraue den »Wissenden«, die alle Wege schon kennen und die unfähig sind, sich zu irren. Vielleicht könnte man den sieben geistlichen Werken noch ein achtes hinzufügen: Die immer schon Bescheid Wissenden irritieren und das Wissen der Wissenden in Zweifel ziehen. Ich denke dabei auch an unsere Kirchen, die manchmal nicht zu wenig, sondern zu viel gewusst haben. Sie wussten, was die exakte und einzige Form des Glaubens ist; was die einzige Weise erlaubter Sexualität ist, und gelegentlich wussten sie auch zu genau, wer Gott ist. Wir konnten alles erklären, ungelöste Fragen schien es nicht zu geben, und manchmal sind wir mit unserem genauen Wissen auch über Leichen gegangen.

Trotzdem: Ich kann mir nicht vorstellen, dass Menschen oder Gruppen, die von etwas überzeugt und begeistert sind, nicht weitererzählen wollen, wovon sie angetan sind und was sie lieben. Wer nichts liebt und wem alles gleichgültig ist, der hat nichts zu erzählen und nichts zu lehren. Wem etwas wichtig ist, der will mitteilen, was ihm wichtig ist. Er ist Missionar seiner Überzeugungen. Missionieren heißt nicht, die anderen zur eigenen Überzeugung zu drängen oder gar zu zwingen. Missionieren heißt zeigen, was man liebt, und damit lehren, was man liebt. Man kann auf Dauer nur daran glauben, was man zeigt und wozu man sich öffentlich bekennt. Glauben heißt, den Glauben nicht verbergen. Missionieren heißt Gesicht zeigen. Wir selber gewinnen Gesicht, indem wir Gesicht zeigen. Es müssen nicht alle lieben, was wir lieben. Es müssen nicht alle die gleichen Wege gehen, die wir gehen. Zur Gelassenheit des Glaubens gehört die Souveränität, andere andere Wege gehen zu lassen.

Es gibt viele gehbare Wege im Leben, auch viele Glaubenswege. Zur Erwachsenheit des Menschen gehört, den eigenen Weg zu kennen und andere Wege nicht zu verurteilen. Wir sind mit der Art unseres Glaubens und unserer Lebensentscheidungen nicht seligmachend. Gott allein ist seligmachend, das genügt.

Es ist nicht leicht damit umzugehen, dass Menschen nicht lieben, was wir lieben; dass sie andere Wege gehen als die, die wir gehen. Es ist nicht leicht, fremde Wege wertzuschätzen, sie also nicht zu tolerieren in einem liberalistischen Sinn, sondern sie zu schätzen. Wir müssen es tolerieren, also erdulden, also erleiden. In dem Wort tolerare, von dem Toleranz abgeleitet ist, steckt auch der Schmerz darüber, nicht einzigartig zu sein; der Schmerz darüber, ein endliches Wesen zu sein, auch als Kirche; der Schmerz darüber, dass andere uns nicht brauchen und dass andere auf anderen Wegen glücklich werden, ethisch leben und ihr Heil finden. Gott ist unendlich, wir nicht, auch das Christentum nicht. Das zu respektieren ist Toleranz, ohne die es keine Humanität gibt. Toleranz heißt lassen und nicht im Stich lassen. Vielleicht werden die Wege der Fremden klarer an der Deutlichkeit unseres Weges. Vielleicht gewinnen sie Gesicht an der Klarheit unseres Gesichts. Auch das gehört zu unserer missionarischen Existenz, den Atheismus sein zu lassen und ihm mit dem Namen Gottes zu widerstehen. Wir säen mit unserer Klarheit, aber wir sind nicht die Herren des Wachsens.

Die Unwissenden lehren! Ich denke dabei vor allem auch an unsere Kinder. Auch für sie gilt: Wir lehren sie, indem wir zeigen, was uns wichtig ist und was wir lieben. Vielleicht gehen sie einmal andere Wege, als wir gehen oder gegangen sind. Darüber haben wir nicht zu urteilen. Sie können aber nur ihr eigenes Gesicht gewinnen und ihre eigene Sprache finden, wenn sie Menschen mit Gesicht und Sprache begegnen; wenn wir ihnen mit unserem Gesicht Widerstand leisten. »Der Mensch entdeckt sich, wenn er sich an Widerständen misst.« (Antoine de Saint-Exupéry) Wir lehren sie, indem wir uns zeigen. Um es einfach zu sagen: Wenn wir sonntags in die Kirche gehen, ein Tischgebet sprechen, ihnen abends ein Kreuz auf die Stirn zeichnen, ihnen die Geschichten unserer Tradition erzählen, sehen sie, was uns wichtig ist. Es kann ja sein, dass sie es selbst ganz anders machen, aber mit unserer eigenen Deutlichkeit verhelfen wir ihnen dazu, ihre eigenen Wege bewusster zu gehen. Deutlichkeit erzeugt Deutlichkeit. Was wird aus unseren Kindern, wenn sie nicht mehr auf Menschen mit Konturen stoßen; Menschen, die keine Lehre mehr weiterzugeben haben? Von unwissenden Meistern können sie nichts lernen. Es könnte sein, dass unsere Jugendlichen lange Umwege machen müssen, bis sie ihren eigenen Weg gefunden haben. Lasst sie gehen! Sie müssen nicht an unserem Wesen genesen, und das Recht auf Umwege können wir ihnen nicht nehmen, nicht einmal das Recht auf Irrwege. Je deutlicher wir als Eltern, Lehrerinnen und Pfarrer sind, umso mehr Urteil gewinnen sie und umso ungefährlicher werden ihre anderen Wege. Sie wachsen an dem Widerstand, den wir ihnen bieten. Sie erkennen sich an unserer Andersheit.

Den Zweifelnden recht raten

Dieses zweite geistliche Werk der Barmherzigkeit betrachte ich mit Vorsicht. Es scheint da am Leben und am Glauben Zweifelnde zu geben und andere, denen alle Zweifel fremd sind und die zu Beratern der Zweifelnden taugen. Wir leben in Zeiten, in denen die alten Selbstverständlichkeiten des Glaubens wanken. Wie viele, die am Sonntag in der Kirche das Glaubensbekenntnis beten, stimmen allen Sätzen mit ihrem Herzen zu? Früher galt als Todsünde, wenn jemand einen Glaubensinhalt, der von der Kirche als von Gott geoffenbart gelehrt wurde, in Zweifel zog. Die festen Systeme sind zerbrochen, auch das kirchliche Glaubensgebäude hat seine Risse und Lücken. Wir leben eher mit Glaubensbrocken als von Glaubenssystemen. Auch unsere Glaubenssätze sind nicht gefeit gegen Veränderungen. Nur was tot ist, verändert sich nicht mehr und ist endgültig. Wer die alten Überlieferungen liebt, muss fähig sein, sie zu ehren und sie zu bezweifeln. Denn sie enthalten nicht nur den Geist, sondern auch den Ungeist unserer Väter und Mütter im Glauben. Leben ist immer im Fluss, auch das Glaubensleben. Aber mir geht es hier nicht um den Zweifel an Sätzen, sondern um eine viel tiefere Unsicherheit, den Zweifel an der Güte des Lebens; den Zweifel daran, ob Gott lebt und ob man ihm und dem Leben trauen kann. Das ist kein theologisch-abstraktes Problem, sondern eine Frage, die das Leben selber vielen Menschen stellt.

Ich beginne mit einer Geschichte, die ich in einer alten jüdischen Chronik lese. Ein alter Jude, einem Pogrom in Spanien entkommen, war mit seinen Kindern und mit seiner Frau auf der Flucht. Die Frau starb. Der Mann trug die Kinder weiter, bis er ohnmächtig niedersank. Als er aufwachte, fand er beide Söhne tot. In seinem Schmerz stand er auf und sprach: »Herr der Welten! Viel tust du, damit ich meinen Glauben aufgebe. Wisse aber, dass ich sogar den Himmelsbewohnern zum Trotz ein Jude bin und ein Jude sein werde! Da wird nichts nützen, was du auch über mich gebracht hast und noch über mich bringen magst.« Dann raffte er ein wenig Staub und

Gräser auf, bedeckte damit die toten Kinder und ging seines Weges, um eine bewohnte Stätte zu suchen.

Wer hat ihm »recht geraten«, dass er seinen trotzigen Glauben bewahren konnte, obwohl ihm das Leben so viel genommen hat, die Heimat, die Frau und seine Kinder? Im Alten Testament ist die Geschichte von Hiob erzählt, dessen Kinder ebenfalls umkamen, der Hab und Gut verloren hatte und der am Ende »bedeckt war mit bösen Geschwüren von der Fußsohle an bis auf seinen Scheitel« (Hiob 2,7). Seine Frau gibt ihm ihren Rat: »Hältst du noch immer an deiner Frömmigkeit fest? Sage Gott ab und stirb!« Wer könnte sie nicht verstehen? Wer könnte all die Hiobsfrauen nicht verstehen, deren Kinder auf der Flucht ertrinken und die Haus und Heimat verlieren, wenn sie Gott absagen und sterben wollen. Viel schwerer ist jener alte Jude zu verstehen, der Gott »zum Trotz« ein Jude bleibt. Viel schwerer ist Hiob zu verstehen, der in seinem Unglück sagt: »Der Herr hat's gegeben, der Herr hat's genommen. Der Name des Herrn sei gelobt!«

Hiob und der alte Jude, ich bewundere ihren Stolz und ihre Würde, die Würde der Empörung und die Würde der Ergebung. Sie sind empört, sie nehmen nicht einfach hin, was ihnen angetan wird. »Den Himmelsbewohner zum Trotz« bleibt der alte Jude bei seinem Glauben. Hiob will sich gar in einen Rechtsstreit mit Gott einlassen. Das ist die Empörung der Psalmen, die rufen: Wo bist du Gott? Wach auf, schlaf nicht weiter und sei endlich Gott! Dann die Würde der Ergebung: Der Name des Herrn sei gepriesen! Trotz des Todes der Kinder, trotz des Verlusts der Heimat und all der damit verbundenen Qualen: Der Name des Herrn sei gepriesen! Und: »Der Herr hat's gegeben, der Herr hat's genommen!« (Wobei mir nicht klar ist, warum der Herr es wieder nehmen soll, nur weil er es gegeben hat.) Die beiden Gequälten bleiben Subjekte und ihrem Schicksal nicht blind unterworfen. Sie verstehen sich nicht einfach als Beute ihrer eigenen Geschichte. Sie sagen nicht Ja zu allem, was ihnen widerfährt, aber sie sagen Amen dazu. Sie sagen: Der Name des Herrn sei gepriesen! Das ist ein Glaube, der durch die Feuerbäche des Schmerzes gegangen ist.

Es ist nicht leicht, Gott zu loben. Das Schweigen Gottes ist die große Einrede gegen das Weltvertrauen, gegen die Behauptung der Güte des Lebens, die wir mit jedem Gebet wagen. Gerade wenn wir unseren Glauben versuchen, erhebt sich die alte Frage: Wo bist du Gott? Wer nicht glaubt, braucht sie sich nicht zu stellen. Er sagt: so ist das Leben, Erklärungen gibt es nicht, und mehr ist nicht zu erwarten! Gerade unser Gottvertrauen zwingt uns zur Erklärung dessen, was das Vertrauen in Frage stellt. Der Glaube, der nicht blind ist, wird aufs tiefste irritiert durch das Schweigen Gottes, und so lehrt er eine der wichtigen Fragen zu stellen: Wo bist Du, Gott! Er verlangt von Gott, Gott zu werden. Wir sind es gewohnt, dass Gott die Frage stellt »Wo bist du Mensch?«, und es gehört zu unserer Humanität, sie zu hören. »Wo bis du, Gott?« ist die andere Frage, um die die Glaubenden nicht herumkommen. Sie ist der atheistische Schatten des Glaubens.

Was rate ich den Zweifelnden, was rate ich mir als Zweifelndem? Sucht euch Genossen und Genossinnen im Glauben! Allein bist du klein; klein auch in der Fähigkeit, Gott zu loben und das große Amen zum Leben zu sagen. Wir sind endliche und sterbliche Wesen, endlich auch in unserer Möglichkeit zu glauben. Wir sind endlich, aber wir sind nicht allein in unseren Glaubensversuchen. Wenn ich einen Psalm oder das Vaterunser bete, bete ich ihn auch mit allen, die vorher geglaubt und gebetet haben; mit meiner Mutter und meinem Vater, mit Dietrich Bonhoeffer und Elisabeth von Thüringen; mit Hiob und mit jenem jüdischen Migranten auf der Flucht. Wir sind nicht allein. Und wenn unser eigener Glaube seine Risse hat, so kann man den Psalm mit ihrem Glauben beten; ihnen den Glauben von dem Lippen lesen. Was soll daran falsch sein? Ich muss nicht der völlige Autor meines Glaubens sein.

Es gibt einen anderen Ort, an dem ich mich vom Glauben meiner Toten und meiner Geschwister ernähren kann, es sind unsere Gottesdienste. Ich erzähle dazu eine kleine Geschichte aus der klösterlichen Tradition. Ein junger Mönch war verstört in seinem Glauben und in der Praxis seines Gebetes. Er bat darum den Abt um Dispens vom Chorgebet. Dieser war weise. Er sagte nicht rigide: Geh hin, denn das Chorgebet gehört zu den monastischen Pflichten! Er gestand aber auch nicht liberalistisch dem Mönch die Befreiung vom Gebet zu. Er sagte zu ihm: »Geh hin und schaue zu, wie deine Brüder beten!« Geh hin und vergleiche deine Glaubenskargheit mit der Glaubensstimme deiner Brüder! Hör ihnen zu! So gewann der junge Mönch wieder Stimme, indem er die Stimme seiner Brüder hörte. Er verglich seine Kargheit mit der Kraft der anderen, und er gewann Kraft. Mein eigener Glaube ist mir zu dürftig. Darum brauche ich die Fluchten in das Glaubensgasthaus meiner lebenden und toten Geschwister.

Die Traurigen trösten

Das dritte der geistlichen Werke der Barmherzigkeit heißt: Die Traurigen trösten. Trost ist das mütterlichste Wort unserer Sprache. Trost ist einer der Namen Gottes. »Du bist der Trost Israels«, ruft der Prophet Jeremia. »Ich bin euer Tröster« nennt sich Gott selbst. (Jesaja 51,12) Tröster wird der Heilige Geist genannt (Johannes 14,26). In einem Pfingstlied singen wir: »Du höchster Tröster in aller Not, hilf, dass wir nicht fürchten Schand noch Tod!« Die Leid tragen, sollen getröstet werden, verspricht Christus in der Bergpredigt. Sie sollen nicht getröstet werden, weil sie fromm und gut sind, sondern weil sie trauern. An diesen tröstenden Gott glauben heißt, die Welt nicht trostlos lassen. Es ist eine der Schönheiten des Menschen, handeln zu dürfen, wie Gott handelt. Trösten zu dürfen, wie Gott tröstet.

Ich erinnere mich zunächst an meine eigene Trostlosigkeit nach dem Tod meiner Frau und daran, was mich getröstet hat. Nicht getröstet hat mich, wenn jemand versuchte, meinen Schmerz zu mindern, und sagte: Komm, wir gehen ins Kino! Dann vergisst du für ein paar Stunden deinen Schmerz! »Das Leben geht weiter«, haben mir wohlmeinende Leute gesagt und: »Die Zeit heilt alle Wunden.« Es gibt abstrakte Richtigkeiten, die zugleich konkrete Falschheiten sind. Das alte Leben ging eben nicht weiter. Nie mehr habe ich die Hand meiner Frau gehalten, nicht mehr mit ihr geredet und gestritten, nie mehr mit ihr Wein getrunken. Das Leben ging nicht weiter, und den Schmerz darüber konnte mir niemand ausreden, auch nicht mit einem religiösen Satz. Die Sätze des Glaubens haben nichts vom Schmerz genommen – Gott sei Dank. Sonst wären sie nichts als Vertröstungen. Aber es gab viele Arten des Trostes, die den Schmerz ernst genommen und ihn nicht gemindert haben. Den tiefsten Trost aus jener Zeit will ich nennen, es waren Freunde und Freundinnen, die mich oft besuchten und die den Schmerz ehrten. Sie haben keine tröstenden Worte gefunden, sie waren da und sie haben sich von meinem Unglück nicht vertreiben lassen. Das Unglück vertreibt oft die Freunde, und trostlos macht einen ja nicht nur, was man erlitten hat. Trostlos macht uns die Einsamkeit, weil Menschen in der eigenen Selbstverständlichkeit des Lebens so wenig die Weltuntergänge der anderen ertragen. Sie haben Angst, das Unglück sei ansteckend wie die Pest. Meine Freunde sind geblieben, sie haben mir den Schmerz gelassen. Wir haben über die Tote gesprochen, die Lieder gesungen, die sie mochte, und ihre Texte gelesen. Die Trauer wurde nicht gemildert, aber geteilt. Der Trost der Freunde war ihre Anwesenheit, keine klugen Worte und kein Versuch, mich aus meinem Abgrund zu retten. Sie haben mir die tiefste Lehre gegeben, die man einem Trauernden geben kann. Sie haben mir mit ihrer Anwesenheit gesagt: Du bist nicht allein. Die Freunde waren übrigens nicht nur für mich da, sie waren auch da als sie selber, mit ihrer Arbeit, von der sie erzählten, mit ihren eigenen Sorgen und mit ihrem Glück. Sie waren auch als Hungrige da, ich musste sie füttern, und später habe ich meinen »verfressenen Tröstern« ein Buch gewidmet. Sie haben mich nicht eingeschlossen gelassen in einem Trauernarzissmus, in dem man nicht mehr wahrnehmen kann als sich selber im eigenen

Unglück. Indem sie mit sich selber da waren, nicht nur für mich, haben sie mir gezeigt, dass es noch etwas anderes gibt als mein eigenes Unglück. Sie haben mich langsam in die Welt zurückgeführt, in die ich eigentlich nicht mehr wollte. Trösten heißt, die Trauernden nicht allein lassen. Der erste Impuls, nachdem einem eine große Lebenswunde geschlagen wurde, ist ja – vielleicht gerade bei uns Männern – die Flucht in die Einsamkeit. »Wie's da drin aussieht, geht niemand was an.« Es ist eine schwer auszurottende Trostlosigkeit, es ist der Versuch, auch im Unglück Meister seiner selbst zu sein und nach außen zu tun, als sei nichts geschehen. Aber es ist etwas geschehen. Eine Welt ist untergegangen, und es war wichtig, den Schmerz dieses Unterganges bis zu Neige zu trinken.

Das große Unglück macht einen klein und bedürftig. Sich selber dem Trost nicht entziehen heißt auch, sich einzugestehen, dass man mit sich allein nicht fertig wird. Man ist angewiesen. Diese Bedürftigkeit ist vielleicht die größte Kunst, die man lernen kann. In den wichtigsten Dingen des Lebens ist man nicht sein eigener Meister. Einen Menschen trösten heißt, ihn bedürftig sein zu lassen; ihn weinen zu lassen; ihn kleiner sein zu lassen, als er ist.

Wenn ein Mensch einen Unglücklichen in den Arm nimmt, macht er fast automatisch eine wiegende Bewegung. Er wiegt den Geschlagenen, wie man ein trostloses Kind wiegt. Es ist einer stark, und es kann einer schwach sein. Welche Lebenserleichterung, dass man in den Niederlagen des Lebens nicht sein einsamer Meister sein muss. Und welche Größe, auf die trostlose Kunst der eigenen Lebensmeisterschaft zu verzichten.

Am besten können die Menschen trösten, die etwas von Trostlosigkeit verstehen und denen schon einmal der Todesstoß der großen Trauer zugefügt wurde. Sie haben keine Illusionen und wollen einem den Schmerz nicht ausreden. Die einmal bis in die Seele ungetröstet waren, sind die Meister der Tröstung. Sie verstehen den Trostlosen. Sie bieten Mitgefühl ohne falsche Vertröstung.

Es sind nicht nur Menschen, die trösten. Man könnte es einen objektiven Trost nennen, dass am Morgen die Sonne aufgeht und am Abend unter; dass die Vögel singen und der See sein Lächeln nicht verloren hat. Es sagt keiner den dummen Spruch: Das Leben geht weiter. Aber man spürt es im Strahl der Sonne, im Spiel des Schattens und in der Farbe der Rose: Die Welt ist untergegangen, und sie ist nicht untergegangen. Das Leben macht keine dummen Sprüche, es zeigt, dass es weitergeht.

Trösten hat auch eine sehr handfeste Seite; dazu eine Geschichte, bescheiden und wunderbar: In Leipzig hat sich eine Gruppe von Studierenden gefunden, die an einem Mittwoch im Monat einen Kochabend mit und für Flüchtlinge anbieten. Die Geflüchteten können außerhalb ihrer trostlosen Unterkünfte ihre heimischen Speisen kochen. Sie bringen Instrumente mit, machen und hören die Musik ihrer Heimat. Sie treffen hier andere Flüchtlinge, und sie begegnen Leipziger Bürgern und Bürgerinnen. Sie erzählen sich und den Leipzigern von ihren Schicksalen. Sie erzählen von ihren Ländern und ihren Kulturen. Die Geflüchteten sind nicht nur Objekte der Fürsorge. Sie sind an diesen Abenden Subjekte mit ihren Nöten und mit ihren Stärken. »Man lässt den Auszug aus der Heimat nicht unbeweint«, schreibt Christa Wolf. Die Studenten und Studentinnen trösten diese Weinenden. Die meisten der jungen Leute sind wohl Nicht-Christen oder Kaum-Christen. Aber das spielt fast keine Rolle. Sie sind Nachahmer des Gottes des Trostes, ob sie es wissen oder nicht. Ihre Arbeit ist nicht ein nur Trost für diese gebeutelten Menschen. Jeder Trost wird zum Trost für die Tröster, er verwandelt sie, sie erfahren, dass das Leben gut ist, indem sie gut zum Leben sind. Den Sinn des Lebens erfährt man nicht, indem man über den Sinn des Lebens nachdenkt. Man erfährt ihn, indem man getröstet wird und indem man tröstet. Die Bundeskanzlerin hat im vorigen Herbst diesen wundervollen Satz gesagt: »Wenn wir jetzt anfangen, uns noch entschuldigen zu müssen dafür, dass wir in Notsituationen ein freundliches Gesicht zeigen, dann ist dies nicht mehr mein Land.« Die Studentinnen und Studenten trösten nicht nur die hilflosen Fremden. Sie machen sich mit ihrer Arbeit auch heimisch im eigenen Land. Eisige Fremde ist jedes Land, in dem die Trauernden in ihre Trauer verbannt bleiben und in dem es verboten ist, die Trostlosen zu trösten.

Die Sünder zurechtweisen

Das vierte geistliche Werk der Barmherzigkeit klingt oberlehrerhaft: die Sünder zurechtweisen. Und oft haben Menschen gelitten unter den Zurechtweisungen der kirchlichen Oberlehrer. Sie haben manchmal eher die Friedensfreunde zurechtgewiesen als die Kriegslüsternheit der Gesellschaft. Sie haben eher die Streikenden zurechtgewiesen als die Blutsauger. Sie haben in den Schlafzimmern gerochen und die Menschen von ihrem Glück abgehalten. Je enger die Kirchen mit dem Staat und den Mächtigen einer Gesellschaft verbunden waren, umso mehr neigten sie dazu, ihnen zu dienen und die Falschen zurechtzuweisen. Und doch gehört es zur prophetischen Aufgabe einer jesuanischen Kirche, dem Unrecht in den Weg zu treten, die Blutsauger zurechtzuweisen und ihnen den Zorn Gottes anzudrohen. Ich finde in der Bibel viele Geschichten von solchen mutigen Propheten, eine davon im 2. Buch Samuel. Der König David begehrt die Frau seines Feldherrn Uria. Er sorgt dafür, dass dieser umgebracht wird und der Weg zu seiner Geliebten frei ist. Gott sendet den Propheten Nathan zu David, und dieser erzählt ihm verschleiert die Geschichte seiner eigenen Untat. Er erzählt von zwei Männern, einem reichen und einem armen. Der Reiche hatte viele Schafe und Rinder; der Arme nur ein einziges Schäflein, das er liebte und nährte. Zum Reichen kam ein Gast, dem will er ein Mahl bereiten. Er bringt es aber nicht über sich, von seinen eigenen Schafen und Rindern zu nehmen, sondern nahm das Schaf des Armen und richtete es dem Gast zu. Der König David erkennt zunächst sich selber nicht in dieser Erzählung, er wird zornig und sagt: Der Mann, der das getan hat, ist ein Kind des Todes! Die Antwort des Propheten: Du bist der Mann!

Die Sünde des Königs ist für ihn selbst zunächst nicht erkennbar. Macht scheint sich alles erlauben zu können, ohne dass sie zur Rechenschaft gezogen wird. Macht hat selten ein Unrechtsbewusstsein. Ich erzähle eine andere Geschichte moralischer Blindheit: Bei Blohm & Voss in Hamburg hat sich der russische

Oligarch Roman Abramowitsch 2010 eine Yacht bauen lassen, die um die 800 Millionen Euro gekostet hat: Edles Teakholz, Tapeten aus Reptilienhaut, Liegen aus weißem Kalbsleder, Luxuskabinen, zwei Landeplätze für Hubschrauber. Auch hier stiehlt einer das Schäflein des kleinen Mannes und der kleinen Frau. Er verschwendet das Brot der Armen für seinen eigenen Luxus. Und das Schlimmste: Das ungeheure Unrecht wird als Unrecht nicht erkennbar. Es maskiert sich als Recht. Es ist doch mein Geld, wird er sagen. Damit kann ich doch machen, was ich will. Er sieht nicht, dass er sich seinen Luxus leistet mit dem geraubten Gut der Armen. Dieser Mensch handelt nicht gegen sein Gewissen. Er hat kein Gewissen. Es ist ihm verloren gegangen, begraben unter seinen eigenen Interessen. Das ist das gefährlichste an der Sünde, dass sie als solche geläufig und nicht mehr erkennbar ist; dass die Sünde sozusagen »natürlich« geworden ist.

Das nun ist die Stunde der Propheten. Gott sendet sie, um die Sünde zu entlarven, ihr die Maske des Rechts vom Gesicht zu reißen und die Sünder zurechtzuweisen. Papst Franziskus hat es getan, als er gegen die Globalisierung der Gleichgültigkeit den Satz gesagt hat: Diese Wirtschaft tötet. Mit »dieser Wirtschaft« kritisiert der Papst die Anmaßung der Wirtschaft und Unternehmen, zu investieren, wo und wann sie wollen; zu produzieren, zu kaufen und verkaufen, wo und was sie wollen; keinen Beschränkungen zu unterliegen, die aus Arbeitsgesetzen oder sozialen Übereinkünften resultieren. Diese Wirtschaft tötet, und zwar zuerst die Ärmsten, die besonderen Schutzbefohlenen Gottes. Wer nicht für sie schreit, hat auch kein Recht, zu Gott zu schreien.

Die Kirchen haben heute für ihre prophetische Aufgabe des Einspruchs gegen das Unrecht einen großen Vorteil: Sie sind nicht mehr so wichtig. Die Profiteure der Gesellschaft kommen gut ohne sie aus, sie brauchen ihren Segen und ihr vernebelndes Weihrauch nicht mehr für ihr Handwerk. Die Kirchen sind weniger gesellschafts- und staatsverbunden, und das könnte ihre neue Freiheit sein. Sie müssen nicht mehr zwei Herren dienen und können umso mehr dem Einen dienen. Sie können endlich ihre prophetische Aufgabe wahrnehmen und ihre Stimme für die Opfer erheben. Die große Verweigerung wird möglich.

Ich habe zunächst das geistliche Werk der Barmherzigkeit »Die Sünder zurechtweisen« politisch ausgelegt. Aber die Tatsache gilt auch im privaten Bereich, dass man sich so in sich selbst verstricken kann, dass man seine eigene Schuld nicht mehr erkennt und dass wir eine Stimme von außen brauchen, die uns Widerstand bietet. Das Bild, das wir von uns selbst haben, ist »ein Konstrukt von zweifelhafter Wahrhaftigkeit, voll von Irrtümern, Selbstüberredungen und Selbsttäuschungen« (Peter Bieri). Man kann in sich selbst ersticken, wenn man keinen Widerspruch von außen erfährt und keine Zurechtweisung duldet. Wenn ich als alter Mann auf mein Leben zurückschaue, so vermisse ich am meisten Menschen, die mir in den Weg getreten sind und mir meine eigene Selbstblendung verboten haben. Man lebt von der Zustimmung, die man von Menschen erfährt, aber man lebt auch von dem Widerstand, den sie uns bieten.

Ja, es ist eine schwere Kunst, sich zurechtweisen zu lassen. Aber die Zurechtweisung ist meine Möglichkeit und mein »Recht, ein anderer zu werden« (Dorothee Sölle). Es ist die Möglichkeit meiner größeren Freiheit. Ich komme noch einmal auf die Geschichte des David zurück. Die erstaunliche Größe des Königs ist, dass er der Demaskierung und dem Urteil des Propheten nicht ausweicht. Seine

Würde besteht nicht darin, dass er nicht gesündigt hat. Sie besteht darin, dass er die Einsicht in sein Verbrechen nicht verweigert. Er wagt es, sein Gesicht zu verlieren. »Ich habe gesündigt gegen den Herrn!«, sagt er. Er entschuldigt nichts, er vertuscht nichts, er beschönigt nichts. Er wehrt sich nicht gegen das Urteil Gottes und seines Propheten. Er hätte die Stimme Gottes abwürgen und den Propheten töten können, wie es die Macht gewöhnlich tut. Vielleicht ist es das Größte, was einem Menschen gelingen kann, sich vor der eigenen Schuld nicht zu verstecken und wehrlos zu werden vor dem Urteil Gottes und des eigenen Gewissens. Der 51. Psalm, der große Bußpsalm, wird David zugeschrieben und darin die Aussage, dass Schlachtopfer und Brandopfer nichts ausrichten gegen die eigene Schuld; dass Gott aber den »geängsteten Geist« und das »zerschlagene Herz« nicht verachtet. David hat sich sein Herz, sein Ansehen vor sich selbst und vor anderen zerschlagen lassen. Er bricht mit sich selbst, indem er dem harten Satz des Propheten nicht ausweicht: »Du bist der Mann!« Welche Würde, sich die Maske vom Gesicht reißen zu lassen! Gott würdigt die Würde Davids, indem er ihn bestraft. Er vergibt, aber er befreit den König nicht von den Folgen seines Verbrechens. Er lässt ihn leben und lässt ihn neu anfangen, beladen mit der Last seiner Untat. Die Größe Davids: Er war fähig, gegen sich selbst Partei zu ergreifen.

Die Lästigen geduldig ertragen

Wer sind die Lästigen, die ich geduldig ertragen soll? Zunächst bin ich es selbst. Eine Voraussetzung dafür, andere zu ertragen, ist die Kunst, sich selbst zu ertragen. Wenn man nicht abgestumpft ist, leidet man unter seiner eigenen Halbheit, unter den eigenen Marotten und der eigenen Begrenztheit. Man ist sich lästig, und man muss sich geduldig ertragen. Besonders wenn man älter und alt geworden ist, stellt man fest, dass man sich nicht mehr viel ändert; da braucht man den Humor mit sich selbst. Humor, d. h. man verleugnet seine Marotten nicht, und man verzweifelt nicht an ihnen. Nicht einmal zu erkennen, dass man Marotten hat, ist eine Form von Dummheit, gegen die kein Kraut gewachsen ist. An sich übermäßig leiden oder gar verzweifeln ist eine Form des Unglaubens. Der Glaube an den Gott der Güte hilft mir, mich selbst als Fragment zu ertragen. Ich bin nicht gerechtfertigt durch meine eigene Vollkommenheit, sondern durch seinen Blick, der mich ganzer und erträglicher findet, als ich bin. Der Humor und die Geduld Gottes mit mir erlauben mir die Geduld und den Humor mit mir selbst. Diese Geduld mit sich selbst ist übrigens der erste Ausgangspunkt dafür, dass man sich verändert, humaner und größer wird, als man ist.

Wiederum: Wer sind die Lästigen, die ich geduldig ertragen soll? Es sind zunächst die Menschen meines eigenen Lebenskreises: der Mann, mit dem man verheiratet ist, die Frau, die eigenen Kinder oder die alten Eltern. Wenn mir erlaubt ist, Fragment zu sein, so muss es auch ihnen erlaubt sein. Der Humor, den man mit mir hat, ermöglicht mir den Humor mit ihnen. Niemand ist vollkommen und niemand muss es sein. Vollkommenheit von sich selbst zu erwarten führt in die Verzweiflung. Vollkommenheit von anderen zu erwarten stört oder zerstört die Verhältnisse. Meine Frau muss nicht die beste aller Ehefrauen sein; meine Kinder müssen nicht die Klassenbesten, meine Freundinnen und Freunde nicht fehlerfrei sein. Sie sind wie ich, ich bin wie sie: ein halb fertiges und ein halb gelungenes Wesen. Wie ich Geduld mit mir haben darf, so soll ich Geduld mit ihnen haben. Die Liebe erträgt alles, sie glaubt alles, sie duldet alles, heißt es im Hohenlied der Liebe beim Apostel Paulus.

Erträgt die Liebe alles? Lässt sie sich wirklich alles auf den Buckel packen? Die Geduld, das Aushalten, ohne aufzubegehren, hat man vor allem den Frauen zugemutet; den Arbeitern, die ihr Los geduldig ertragen und nicht streiken sollten. Geduld und Langmut sind wundervolle menschliche Fähigkeiten, aber nur so lange, wie sie allen zugemutet und nicht einer Gruppe besonders zugedacht werden. Eine Tugend ist nur eine Tugend, solange sie für alle gilt. Es gehört zur Selbstachtung und zur Achtung anderen gegenüber, nicht alles zu ertragen und sich nicht alles gefallen zu lassen. Ich achte einen Lästigen nicht nur, indem ich ihn geduldig ertrage. Wenn man einen Menschen hochschätzt, glaubt man auch daran, dass er sich ändern kann und dass er anderen nicht nur zur Last fallen muss. Zu diesem Zutrauen gehört auch der Widerstand gegen die allzu großen Zumutungen. Man ehrt die Lästigen, indem man ihnen widersteht.

Noch einmal: Wer sind die Lästigen? Als Last und lästig werden oft die empfunden, die anders sind als wir selbst; die mit dem anderen

Glauben, mit der anderen Lebensweise, mit der anderen sexuellen Orientierung, mit der anderen Hautfarbe. Das Fremde ängstigt. Alles, was ist wie wir selbst, kennen wir, ist uns vertraut und ist berechenbar. Wir gehen damit kein Risiko ein, und das Leben scheint absehbar und überraschungsfrei. Aber man kerkert sich auch in sich selbst ein, wo man dem Fremden immer misstrauisch begegnet und es nur als Last empfindet. Je enger und unfreier Menschen sind, umso mehr erwarten sie, dass die anderen sind und leben wie wir selbst. Es gehört aber zum Reichtum und zur Schönheit des menschlichen Lebens, die Fremden und das Fremde zu ertragen, zu beherbergen, sich damit auseinanderzusetzen, davon zu lernen und damit im Eigenen gewisser zu werden. An den Fremden lernen wir, wer wir selbst sind. Wer nichts anderes an sich heranlässt als sich selbst und die eigene Art, kann sich nicht vergleichen und kennt sich darum nicht selbst. Leute aber, die sich selbst nicht kennen, sind immer gefährlich.

Toleranz verlangt nicht von mir, dass ich die Eigenart der anderen liebe, ihre Lebensweisen, ihre Lieder, ihren Glauben. Der Mensch ist endlich, auch in seiner Kraft zu lieben. Es wäre eine Überforderung, von sich zu verlangen, nun plötzlich die türkische Musik zu lieben, die asiatische Küche, die Tänze der Indianer und die Spiritualität des buddhistischen Zen-Meisters. Ich kann mir eingestehen, dass mir das eine oder andere auf die Nerven geht. Oft leidet man auch an dem Fremden, und es ist uns eine Last, es ist lästig, gelegentlich schwer erträglich. Aber das ist die Zumutung dieses Werkes der Barmherzigkeit: die Lästigen geduldig ertragen. Toleranz enthält ein Moment des Leidens. Man leidet an den »Lästigen«, man erleidet sie, wie sie auch uns und unsere Art erleiden müssen. Die Hauptsache ist, wir haben die Kraft, den Fremden ihre Fremdheit zuzugestehen und sie zu achten. Mehr ist nicht verlangt, und das ist schon schwer genug.

Der Mann aus Nazareth hat die »Lästigen« nicht gescheut. Er hat die Grenzen zwischen Sünder und Gerechten hinter sich gelassen, zwischen Angesehenen und Verachteten. Schließlich sein größtes Abenteuer: die Überwindung der Grenze zwischen Gott und Mensch. Das ist Freiheit, die er uns vermacht hat.

Denen, die uns beleidigen, gerne verzeihen

Von Elisabeth von Thüringen (1207–1231), der großen Heiligen der Liebe zu den Armen, wird folgende Geschichte erzählt. Eines Tages begegnete sie einer alten Frau, die oft Almosen von ihr empfangen hatte. Elisabeth war auf dem Weg zur Kirche und war gerade an einer engen Stelle, wo man Feldsteine in den Schlamm gelegt hatte, dass der Weg passierbar würde. Die beiden Frauen trafen sich, und die Alte stieß Elisabeth in den Schlamm. Elisabeth stand auf, ungeachtet der Leute, die ihr spottend zusahen. Sie wusch ihre vom Kot beschmutzten Kleider am Brunnen und setzte ihren Weg »heiter und in großer Freude« fort.

Ich mag diese große Heilige sehr. Ich frage mich aber, wem soll ich sie mit dieser Geschichte als Vorbild empfehlen? Der Frau, die die Schläge eines Mannes ertragen muss? Den

Schwarzen, die die Verachtung der Rassisten zu spüren bekommen? Und diese sollen ihren Beleidigern auch noch *gerne* verzeihen? Verzeihung ist etwas, was vielleicht am Ende eines Weges stehen kann, aber man beginnt nicht mit dem Ende. Jede Frau und jeder Mann hat das Recht auf die Würde der eigenen Person. Sie haben das Recht darauf, sich nicht beleidigen zu lassen und sich gegen Beleidigungen zu wehren. Sofort zu kuschen und alles hinzunehmen entehrt nicht nur die Beleidigten, es nimmt auch die Beleidiger nicht für voll. Wenn ich jemanden ernst nehme, mache ich ihn auch haftbar für das, was er tut. Zur Erwachsenheit eines Menschen gehört, dass er schuldfähig und damit auch belangbar ist für seine Taten. Der heiligen Elisabeth würde ich also sagen, sie solle ihren Weg nicht gar so »heiter und in großer Freude« fortsetzen. Erst muss sie sich selbst ernst nehmen, erst muss sie die Täterin ernst nehmen.

Es gibt also Beleidigungen, die man nicht einfach hinnehmen kann, ohne sich selbst aufzugeben. Und es gibt die Großmut und die Souveränität von Menschen die des Vergebens und des Vergessens fähig sind. Ich lese die Geschichte von Elisabeth noch einmal anders. Sie verkrallt sich nicht in das, was ihr angetan wurde, und sie lässt sich durch die Beleidigung die Heiterkeit des Lebens nicht zerstören. Sie lässt also der Beleidigerin und der Beleidigung nicht den Triumph über sich. Sie lässt sich nicht in den erbärmlichen Kreislauf von Beleidigung und wieder Beleidigung bannen. Vielleicht brauchen die, die beleidigt werden, etwas mehr Zeit zur Vergebung, als es im Beispiel der Heiligen geschildert ist. Alles, was wichtig ist in unseren Lebensvorgängen, braucht Zeit. Nichts gibt es sofort, sozusagen instant, auch nicht die Verzeihung. Vielleicht ist der erste Schritt zur Vergebung, auf Rache zu verzichten und den Beleidigern nicht zu schaden. Auch diesen Schritt geht man nicht gern und nicht wie Elisabeth »heiter und in großer Freude«. Man geht ihn vielleicht zähneknirschend. Man ist nicht immer Herr im eigenen Haus, auch nicht im Haus seiner Gefühle. Oft holen einen die Gefühle der Trauer oder der Wut wieder ein, obwohl man vergeben will. Man soll sie nicht verleugnen. Auch unsere Gefühle sind ein Stück unserer Wahrheit. Und oft – nach langem Weg – kommt dann die endgültige Stunde der Freiheit, in der man von Herzen und *gern* vergeben kann.

Ich lobe nicht zuerst die Moral der Menschen, die der Vergebung fähig sind. Ich lobe zuerst ihre Souveränität, ihre Größe und ihre Schönheit. Sie lassen sich ihr Verhalten nicht diktieren von den Beleidigern, und sie beugen sich den Zumutungen der Beleidiger nicht. Die Beleidiger wollen entehren, entwürdigen und Schmerzen zufügen. Ja, Schmerzen zufügen können sie. Aber in der Verzeihung entrinnen Menschen dem Kreislauf der Gewalt und des Hasses. Die Beleidigungen können treffen, aber sie müssen nicht vernichten. Ich erzähle eine Geschichte, die ich auf einer Reise erlebt habe. Sie passt hier nicht genau, aber sie zeigt, was verzeihende Würde ist. Ein junger, etwa 25-jähriger Schwarzer sitzt einer alten Frau gegenüber. Es geht ihm offensichtlich nicht gut. Plötzlich würgt er, erbricht sich und beschmutzt die alte Frau erheblich. Er ist verstört und verbirgt lange Zeit sein Gesicht in seinen Händen. Er möchte nicht da sein, er möchte vor Scham in den Boden versinken. Die Frau reagiert zunächst verärgert und harsch. Schließlich setzt sie sich neben ihn und legt den Arm um seine Schulter. Erst dann nimmt er die Hände vom Gesicht und lächelt die Frau scheu an. Der Bann ist gebrochen, und er kann seine Augen erheben. Die charmante Güte der Frau hat ihm seinen Stolz wiedergegeben. Er braucht sich nicht mehr zu verbergen.

Zwei Schönheiten, die erste: die alte Frau, die ihm nichts übel nimmt. Die zweite Schönheit: der junge Schwarze, der die Augen wieder aufschlägt und von seiner Scham befreit ist. Es ist wie ein Liebesspiel zwischen den beiden. Ich frage mich, was mehr Kraft kostet, die Güte der Alten oder die Annahme dieser Güte durch den jungen Mann. Die Frau bleibt souverän im Geschehen. Sie kostet die Güte nur die Reinigung eines Kleides. Der Schwarze hat eine ebenso schwere Kunst gezeigt, die Kunst sich vergeben zu lassen; die Augen wieder aufzuschlagen und sich in der Großmut der Frau zu bergen. Die Kunst zu vergeben ist schwer genug, aber nicht schwerer als die Kunst, sich vergeben zu lassen. Das Leben zu schenken ist manchmal leichter, als das Geschenk des Lebens anzunehmen. Geben ist leichter als nehmen, möchte man in diesem Fall sagen.

Es ist nicht nur eine Kunst, anderen zu vergeben. Ich lobe auch die Fähigkeit, sich selbst zu verzeihen, eine Fähigkeit, die oft gerade bei alten Menschen fehlt. Eine alte Lehrerin, fromm und dem Tode nahe, kam gegen das Gefühl ihrer Lebensschuld nicht mehr an. Sie war gequält von Gefühlen, dem Leben alles schuldig geblieben zu sein. »Vor meinem inneren Auge sehe ich dauernd, was ich im Leben falsch gemacht habe«, sagte sie. Sie konnte sich selbst nicht freisprechen. Ich kenne diesen Schmerz des Alters, nicht mehr nachholen zu können, was man versäumt hat, und nicht mehr gutmachen zu können, was man verraten hat. Aber bei ihr war es mehr, sie klebte an ihrer Schuld. Sie konnte sich ihr Leben nicht verzeihen. Sie hielt es nicht aus, die zu sein, die sie war. Wenn ich etwas von Gnade verstehe, dann heißt das: Wir sind am Ende, die wir sind – mit allen Wunden, mit aller Schuld, mit allem Gelingen. Gnade heißt: Ich muss kein Urteil über mich sprechen, weder ein gutes noch ein verdammendes. Ich kann zustimmen, dass ich bin, der ich geworden bin, auch mit meiner Schuld. Der Satz »Vor meinem inneren Auge sehe ich *dauernd*, was ich falsch gemacht habe« ist eine Art Selbsthinrichtung. Wer gibt ihr die Erlaubnis dazu? Jedenfalls nicht der, der uns richtet. Wir müssen nicht Zeugen gegen uns selbst sein. Sich nicht verzeihen können ist eine Art negativer Eitelkeit, in der man die eigene Schuld für größer und gewichtiger hält als Gott selbst. Es kann ja sein, dass zu unserer Humanität gehört, sich selbst zu beweinen. Aber noch mehr und noch größer ist, sich selbst zu belächeln. Und Gott lächelt mit.

Für die Lebenden und die Toten beten

Für die Lebenden beten: Ich durfte einmal Gast des jüdischen Religionsphilosophen Martin Buber in Israel sein. Als er mich an seiner Haustür verabschiedete, sagte er: »Ich behalte Sie im Gedächtnis.« Dieser Satz hat mich berührt, und ich kann ihn nicht vergessen. Wer einem wichtig ist, den will man nicht vergessen, ob er lebt oder ob er schon gestorben ist. Man will sich an ihn erinnern, man behält ihn im Gedächtnis. Sein Weg und sein Schicksal sind einem nicht gleichgültig, man nimmt Anteil an ihm. Martin Bubers Satz ist das Versprechen eines Gebetes, obwohl er es nicht so genannt hat. Ich brauche es, dass Menschen an mich denken und für mich beten, weil ich weiß, dass ich mit mir und mit meinen eigenen Kräften allein nicht durchs Leben komme. »Allein bist du klein« ist ein geläufiger und wahrer Satz. Allein verstricke ich mich in mich selbst. Ich komme nicht aus mit meiner eigenen Hoffnung und der eigenen Lebenskraft. Keiner lebt für sich allein. Er braucht die anderen, die Hoffnung für ihn haben, die sich im Gebet ausdrückt. Er braucht die Zuversicht, die andere für ihn haben, indem sie für ihn beten und ihn mit ihren Wünschen begleiten. Aber auch wer für einen anderen Menschen betet, weiß, dass er mit der Kraft seiner Wünsche und Hoffnungen für einen Menschen zu gering ist. Darum wünscht und hofft er nicht nur. Er tut seine Liebe und Sorge für einen anderen in ein Gebet und überliefert sie somit Händen, die stärker sind als seine eigenen. Er überliefert sie Gott. Er betet, d. h. er ruft Gott als Zeugen an für das Heil eines anderen Menschen. Für die Lebenden und die Toten zu beten heißt, sie in die Arme Gottes werfen.

Erhört Gott unsere Gebete? Wir alle haben erfahren, wie oft unsere Gebete für unsere Kinder, für die Opfer auf dieser Erde nicht erhört worden sind, wie wir es uns gewünscht haben. Aber, so glauben wir, Gott hört sie. Hören und Erhören hängen im Wortstamm zusammen. Hören heißt ja nicht, leidenschaftslos wahrnehmen, was da Menschen stammeln. Das wirkliche Hören ist ein Akt der Liebe, der Teilnahme, des Mitleidens und des Berührtseins von der Stimme, die einen anredet. Gott hört, er ist nicht teilnahmslos und unberührt von den Schreien der Menschen, auch wenn ihre Bitten nicht umstandslos erfüllt werden. Unsere Gebete haben Sinn, aber sie sind keine Instrumente, das zu erreichen, was wir uns vorstellen. Ich benutze für unsere Gebete lieber eine ästhetische Kategorie. Es ist schön, die Wünsche, die man für andere hat, nicht im stummen Herzen eingekerkert zu lassen. Es ist schön, die Stimme im Gebet zum Dank zu erheben, zum Protest, zur Empörung darüber, was Menschen angetan wird. Warum aber ertrinken die Flüchtenden, obwohl wir für sie beten? Warum siegt die Gewalt gegen die Armen, obwohl wir sie in unseren Gebeten vor Gottes Füße werfen. Diese Warum-Frage wird aus unseren betenden Herzen nie weichen. Diese Frage hat jener geliebte Sohn Gottes selber gestellt: »Gott, mein Gott, warum hast du mich verlassen?« Eine Antwort hat er nicht bekommen. Wir müssen mit dieser ungelösten Frage leben.

Für die Toten beten: Ich beginne mit einer Geschichte, in der das Gebet für einen Toten keine Rolle gespielt hat. Ich habe eine Beerdigung erlebt, in der Gebete, Lieder oder Rituale nicht vorkamen. Man versammelte sich in der Friedhofskapelle, in der der Sarg stand. Keine Blumen, kein Wort am Sarg, keine Sprache für die Sprachlosen. Nach einigen Minuten hoben die Träger den Sarg auf einen Wagen. Hinter ihm gingen die Menschen zum Grab. Nach kurzer Zeit wurde der Sarg ins Grab gesenkt, einige Minuten des Schweigens und die Menschen verstreuten sich. Die Stummheit des Vorgangs hat bei den Teilnehmenden Wut und Hilflosigkeit ausgelöst. Es schien nichts zu sagen zu geben über den Toten, kein Dank für sein Leben, keine Sprache des Trostes und keine Solidarität mit dem Toten. Er schien vergessen, schon ehe er begraben wurde. Nicht nur die Toten brauchen unsere Sprache, unsere Gebete für sie und die Lieder des Dankes für ihr Leben. Die Zurückbleibenden brauchen sie. Nicht nur unsere Toten brauchen unsere Erinnerung und unsere Gebete. In jedem Gebet deuten wir uns selbst; deuten wir den Tod der Toten und sagen damit etwas über uns selbst aus. In jedem Gebet für die Toten sprechen wir unsere eigene Hoffnung aus. So beten wir auch für uns selbst, wenn wir für die Toten beten und uns ihrer erinnern.

In der Frömmigkeitsgeschichte des Katholizismus hatte das Gedächtnis der Toten eine besondere Rolle, eine wichtigere als in der der protestantischen Tradition. Man sieht es an der großen Bedeutung von Allerseelen. In einigen südlichen Ländern isst man an diesem Tag an den Gräbern der Toten; man isst mit den Toten, als seien sie nicht gestorben. Man gewinnt Ablässe für sie. Man feiert die Jahrestage der Toten. Man betet den Rosenkranz für die »armen Seelen«. Man lässt Messen für sie lesen. Eine große Rolle spielte dabei der Gedanke des Gerichts Gottes, dem sich alle Verstorbenen stellen müssen. Die Höllenvorstellungen haben bis in unsere Zeit viele Gläubige tief geängstigt. Diese haben sich gemildert. Man sieht es daran, dass in keiner neuen Kirche mehr eine Darstellung des jüngsten Gerichts zu finden ist. In alten Kirchen war sie selbstverständlich. Zwar glaube ich nicht an eine Hölle und an eine ewige Verdammnis, aber der Gedanke des Gerichts hat seine Würde. Wir haben ein Recht darauf, einmal unverhüllt vor dem Antlitz Gottes zu stehen, wo und wie auch immer – das weiß nur Gott. Es ist eine Gnade, zu erkennen, wer wir sind und was wir waren. Wie alles andere, ist es ein Geschenk Gottes, dass wir uns selbst nicht verborgen sind und dass wir uns in allem Gelingen und in allen Winkelzügen durchschauen können. Es ist unser Schmerz, unser Fegefeuer, wenn wir uns selber schutzlos sehen und wenn wir gesehen werden, wie wir sind. Zugleich ist es das Schönste, was man sich denken kann, dass einer, der uns liebt, uns in unseren Schwächen erkennt, ohne dass uns diese Erkenntnis vernichtet. Dass er »unseres Herzens Grund« kennt, besser als wir ihn kennen, ist keine Drohung. Wer hungert nicht danach, endlich erkannt zu werden! Das Gericht Gottes als ein Akt der Liebe!

Das Gebet für die Toten ist kein Versuch, Gott zu bestechen und ihn zu einem günstigen Urteil über die Toten zu bewegen. Ich sage es in einem Bild (das Wichtigste kann man immer nur in Bildern sagen): Wir assistieren Gott bei seinem gütigen Urteil über unsere Toten, und wir assistieren den Toten bei Gottes Blick auf sie. Es gibt einen Heilszusammenhang, der auch vom Tod nicht unterbrochen wird. Darum können wir für die Toten beten. Auch sie brauchen wir nicht aus unserer Solidarität zu entlassen. Die Liebe endet nicht an den Gräbern, auch die Liebe der Toten zu den Lebenden endet nicht im Grab. Auch sie sind unsere Fürsprecher bei Gott, sie beten für uns. Wem dieser Gedanke zu fremd ist, der könnte ihn wenigstens schön finden. Das genügt schon.

Lieferbare Radius-Bücher. Eine Auswahl

Heinrich Albertz: Blumen für Stukenbrock. Biographisches
Ursula Baltz-Otto: Wovon wir leben. Worte in den Tag
Martin Bauschke: Abraham und Aschenputtel
Brückenschlag zwischen Bibel und Märchen
Gerhard Begrich: Engel und Engelgeschichten in der Bibel
Gerhard Begrich: Namen und Namengeschichten i.d. Bibel
Gerhard Begrich: Genesis. Das erste Buch Mose
neu übersetzt und erläutert
Gerhard Begrich: Exodus. Das zweite Buch Mose oder
Der Aufbruch in die Freiheit. Neu übersetzt und erläutert
Gerhard Begrich: Das Hohelied Salomos. Eine Dichtung
von Sulamith. Neu übersetzt und erläutert
Peter Bichsel: Im Hafen von Bern im Frühling
Peter Bichsel: Möchten Sie Mozart gewesen sein?
Meditation zu Mozarts Credo-Messe und eine Rede
für Fernsehprediger
Hans Jörn Braun (Hg.): Der Andere Gottesdienst
Christlicher Glaube neu gedacht
Christoph Dinkel (Hg.): Im Namen Gottes. Kanzelreden
zu den sechs Perikopenreihen. 6 Bände *(auch einzeln erhältlich)*
Wolfgang Erk (Hg.): Neues Jahr – neues Glück!
Literarische Texte zum Geburtstag und zur Jahreswende
Wolfgang Erk (Hg.): Tod · Trauer · Trost
Literarische Texte zu Leben und Sterben
Wolfgang Erk (Hg.): Viele gute Wünsche
Literarische Annäherungen
Traugott Giesen: Rufbereitschaft
Albrecht Haizmann: Glaube Hochzeit Liebe. Traupredigten
Peter Härtling: 80 – Versuch einer Summe
Peter Härtling: Versuchte Ewigkeit. Gedichte 2008–2016
Peter Härtling (Hg.): Ein Engel für jeden Tag. 366 Texte
Klaus-Peter Hertzsch: Chancen des Alters. Sieben Thesen
Klaus-Peter Hertzsch: Der ganze Fisch war voll Gesang
Balladen zum Vorlesen
Klaus-Peter Hertzsch: Hoffnungsbilder. Predigtmeditationen

Klaus-Peter Hertzsch: Sag meinen Kindern,
dass sie weiterziehn. Erinnerungen
Klaus-Peter Hertzsch: Die Stärken des Schwachen
Reinhard Höppner: Chancen der doppelten Erfahrung
Texte der letzten Jahre. Mit der Predigt von Nikolaus Schneider zur Trauerfeier und der Gedenkrede von Wolfgang Thierse
Reinhard Höppner/Michael Karg (Hg.):
Das Erbe der Bekennenden Kirche in der DDR
Reinhard Höppner/Joachim Perels (Hg.):
Das verdrängte Erbe der Bekennenden Kirche
Walter Jens: Das A und das O. Die Offenbarung
Walter Jens: Der Römerbrief
Walter Jens: Die vier Evangelien
Klaus-Peter Jörns: Glaubwürdig von Gott reden
Gründe für eine theologische Kritik der Bibel
Eberhard Jüngel: Anfänger
Herkunft und Zukunft christlicher Existenz
Eberhard Jüngel: Außer sich. Theologische Texte
Eberhard Jüngel: Erfahrungen mit der Erfahrung
Eberhard Jüngel: Predigten 1–7 *(auch einzeln erhältlich)*
Otto Kaiser: Das Buch Hiob. Übersetzt und eingeleitet
Otto Kaiser: Kohelet. Das Buch des Predigers Salomo
Otto Kaiser: Weisheit für das Leben. Das Buch Jesus Sirach
Otto Kaiser: Die Weisheit Salomos
Wolf Krötke: Aufatmen
Ost-westliche Einübungen in die christliche Freiheit
Werner Krusche: Ich werde nie mehr Geige spielen können
Erinnerungen
Christoph Levin: Premierenfieber. Zwanzig Predigten
Gerd Lüdemann/Martina Janßen: Bibel der Häretiker
Nag Hammadi
Henning Luther: Religion und Alltag
Bausteine zu einer Praktischen Theologie des Subjekts
Rüdiger Lux: Grenzgänge des Glaubens
Auf den Spuren des Unsichtbaren
Kurt Marti: geduld und revolte. die gedichte am rand
Kurt Marti: Die gesellige Gottheit. Ein Diskurs

Kurt Marti: Gott im Diesseits. Versuche zu verstehen
Kurt Marti: Heilige Vergänglichkeit. Spätsätze
Kurt Marti: Prediger Salomo
Weisheit inmitten der Globalisierung
Kurt Marti: Die Psalmen. Annäherungen
Kurt Marti: Von der Weltleidenschaft Gottes. Denkskizzen
Gerhard Marcel Martin: Das Thomas-Evangelium
Pierangelo Maset: Geistessterben. Eine Diagnose
Elisabeth Moltmann-Wendel: Der auf der Erde tanzt
Spuren der Jesusgeschichte
Elisabeth Moltmann-Wendel: Gib die Dinge der Jugend
mit Grazie auf. Texte zur Lebenskunst
Karl-Heinz Ronecker: Liedpredigten. Von Advent bis in
die österliche Zeit. Vorwort: Wolfgang Huber
Karl-Heinz Ronecker: Liedpredigten II. Vom Jahreswech-
sel bis Weihnachten. Vorwort: Heinrich Bedford-Strohm
Martin Scharpe (Hg.): Erdichtet und erzählt I und II
Das Alte/Das Neue Testament in der Literatur
Martin Scharpe (Hg.): Die lieben Eltern
Mütter und Väter in der Literatur
Asta Scheib (Hg.): Atem der Erde
Lyrik zu den vier Jahreszeiten
Axel Schlote: Kritik der symbolischen Vernunft
Wieland Schmied: Bilder zur Bibel. Maler aus sieben Jahr-
hunderten erzählen das Leben Jesu
Gunda Schneider-Flume: Realismus der Barmherzigkeit
Friedrich Schorlemmer (Hg.): Das soll Dir bleiben
Texte für morgens und abends
Christoph Schroeder: Leben in Fülle
Eine Theologie des Johannesevangeliums
Fulbert Steffensky: *siehe Seite 4*
Jörg Uhle-Wettler: Spiel mir das Lied vom Leben
Thomas Wild: Mit dem Tod tändeln
Literarische Spuren einer Spiritualität des Sterbens

Radius-Verlag · Alexanderstraße 162 · 70180 Stuttgart
Fon 0711.607 66 66 Fax 0711.607 55 55
www.Radius-Verlag.de e-Mail: info@radius-verlag.de